TRANSLATION

DE

LONDRES A MOROSAGLIA

DES

CENDRES DU GÉNÉRAL PAOLI

1889

AJACCIO

IMPRIMERIE JOSEPH POMPEANI

—

1890

TRANSLATION

DE

LONDRES A MOROSAGLIA

DES

CENDRES DU GÉNÉRAL PAOLI

1889

AJACCIO

IMPRIMERIE JOSEPH POMPEANI

—

1890

Nous avons cru faire chose agréable au public en réunissant dans ce petit volume les principaux documents qui se rapportent à la translation des cendres du Général Paoli à Morosaglia, et, en le répandant dans toutes les communes de la Corse, nous avons voulu laisser à la postérité un monument du sentiment qui a inspiré ce grand acte de réparation pour rendre un suprême hommage à la mémoire impérissable de notre Héros national.

Le délégué de la Commission exécutive

———

(AU PROFIT DE L'ŒUVRE)

RAPPORT

DE

M. le Chanoine SALICETI

ANCIEN CONSEILLER GÉNÉRAL ET DÉLÉGUÉ

DE LA

COMMISSION SPÉCIALE

CHARGÉE DE LA TRANSLATION

DE LONDRES A MOROSAGLIA DES CENDRES DU

GÉNÉRAL PASCAL DE PAOLI

Père de la Patrie

1889

A Monsieur le Préfet de la Corse

MONSIEUR LE PRÉFET,

En ma qualité de fondé de pouvoirs de la Commission chargée d'effectuer la translation des cendres du général Paoli, je crois devoir, en son nom, rendre compte au Conseil général de ce qui a été fait pour mener à bonne fin cette œuvre patriotique.

J'ai l'honneur, Monsieur le Préfet, de vous adresser, pour le mettre sous les yeux de l'assemblée, mon rapport succinct sur cette matière.

Au cas où d'autres explications seraient jugées nécessaires, je me tiens, pour les donner, à votre entière disposition.

Je suivrai, pour être plus clair, l'ordre des évènements.

1º Résumé de la Question

Le retour des cendres du général Paoli était depuis longtemps le vœu de tous les cœurs, lorsque, vers 1865, les frères Casabianca, établis à Londres, poussèrent un cri d'alarme dont la

Corse s'émut. On craignit que le tombeau où reposaient ces restes vénérés ne fût touché pour la construction du chemin de fer Middland Railway qui passe tout à côté du vieux cimetière de St-Pancrace. Le tombeau fut respecté, mais une vague inquiétude avait saisi le pays. Cette inquiétude se manifestait par de nombreuses pétitions. Celle que le Conseil municipal de Morosaglia adressa au Conseil général émut l'assemblée.

A la session d'août 1873, une commission fut nommée ; une souscription fut ouverte, des sommes furent recueillies pour ramener au sol natal les cendres du général Paoli et « élever, à Morosaglia, un monument pour les recevoir. »

Ces sommes n'ayant pas été jugées suffisantes, furent laissées en dépôt entre les mains de M. Conti, désigné comme trésorier du Comité de souscription. (Séance du 8 octobre 1874).

Reprise en 1882, cette question donna lieu à une vive et brillante discussion à la suite de laquelle furent adoptées diverses résolutions qui furent malheureusement frappées de stérilité. (Séances des 8 et 9 décembre 1882).

A tel point que, quatre ans plus tard, à la session de 1886, le Conseil chargea la Commission départementale de voir où en était l'affaire, et de lui faire connaitre, à la prochaine session, le résultat de ses démarches.

Cette « prochaine session » s'ouvrait le 25 avril 1887 : mais la question ne fut pas abordée ;

Elle le fut à la session suivante : Le Conseil se trouva saisi d'une pétition émanant de M. Vincentelli, ancien avoué à Bastia, qui, en termes contenus mais très énergiques, déplorait « les longs délais qu'éprouvait cette œuvre de réparation et de reconnaissance nationales », et finissait en adjurant le Conseil et chacun de ses membres « de ne pas encourir la lourde respon-
» sabilité de négliger de rendre ce suprême hommage à Paoli
» qui fit de notre chère Corse une nation..... qui sacrifia tout
» pour la rendre libre.... qui écrivait en 1768 à Ristori : *Se io*
» *fosse patrone del tuono, del tuono mi servirei per difendere la*
» *libertà della patria !* »

Ces paroles produisirent sur le Conseil et sur le public qui assistait à la séance l'effet d'un vrai fluide électrique.

On sentit qu'on ne pouvait plus différer et que le moment d'une décision ferme était venu. La question fut examinée de près ; il fut constaté qu'à défaut d'autres ressources, les sommes votées par le Conseil général étaient encore en caisse et parfaitement disponibles ; ces sommes furent jugées suffisantes pour effectuer sans retard cette translation tant de fois promise et toujours ajournée ; et, disposé à voter une nouvelle allocation, si elle devenait nécessaire, le Conseil choisit dans son sein une *commission exécutive,* lui laissant la faculté de s'adjoindre d'autres membres, si elle le jugeait nécessaire pour mieux remplir sa mission. (séance du **22** septembre 1887.)

2° Actes préparatoires

Faire toutes les diligences, aviser aux moyens d'effectuer au plus tôt la translation des cendres et les déposer provisoirement dans l'oratoire de famille faisant partie de la maison Paoli à *la Stretta di Morosaglia,* tel était le programme qui nous était tracé. Décidée d'aller droit au but, la nouvelle commission résolut d'approprier aussitôt l'oratoire en question, sans se préoccuper pour le moment, du monument autrefois projeté et qui aurait entraîné une dépense trop au-dessus des ressources réellement disponibles.

Ces ressources permettaient tout au plus de transférer les cendres et de restaurer l'oratoire qui les devait recevoir.

Cet oratoire, aussi bien que la maison, étant une propriété particulière, il fallait au préalable s'entendre avec le propriétaire.

Les frères Tomasi n'étaient que les propriétaires apparents ; le vrai propriétaire était M. Franceschini-Pietri, petit neveu et héritier, par sa mère, du général Paoli.

Chacun sait que sa fidélité au malheur retient M. Franceschini-Pietri en Angleterre, et qu'il ne fait, en Corse, que de rares apparitions.

Entrant dans les vues de la commission qui lui furent exposées par M. le sénateur de Casabianca son rapporteur, le Conseil me confia le mandat de m'entendre avec M. Franceschini-Pietri, et de conclure au besoin la cession, en faveur du département, de cet oratoire où l'on déposerait, après l'avoir mis en état décent, les cendres ramenées de Londres. (séance du 18 avril 1888).

A la session suivante de septembre (séance du 19) j'apportais au Conseil, de la part de M. Franceschini-Pietri, l'engagement écrit de sa main de céder au département, pour l'usage qu'on se proposait d'en faire, non-seulement l'oratoire, mais la maison Paoli tout entière avec ses dépendances et le jardin contigü. J'avais été le trouver à l'Ile-Rousse, où nous avions arrêté les conditions auxquelles cette cession serait consentie : En voici les principales : L'oratoire servirait de tombeau ; le reste de la maison, partie à loger l'ainé des frères Tomasi qui en serait le gardien, et partie à l'établissement d'un petit musée corse ; une salle serait donnée à l'école Paoli de l'endroit. — Pour applanir toute difficulté et éviter des embarras, le cadet des frères Tomasi recevrait une indemnité, une fois donnée, moyennant laquelle il pût se procurer une autre habitation ; cette clause émanait de l'initiative de la commission elle-même.

A cette bonne nouvelle, qui fut accueillie avec satisfaction, j'étais assez heureux pour pouvoir en ajouter une autre également satisfaisante.

M. Franceschini-Pietri m'avait mis sur la voie, et les sommes provenant de la souscription de 1873 étaient retrouvées. M. Conti, fils, en ayant connu la provenance, demandait à en faire le remboursement pour qu'elles reçussent leur destination primitive.

Dans la même séance (19 septembre), le Conseil exprimait sa reconnaissance envers M. Franceschini-Pietri ; il autorisait M. le Préfet à accepter, au nom du département, la cession proposée et à en signer l'acte ; il l'autoriserait également à faire entrer dans la caisse départementale les sommes dues par les héritiers de feu M. Conti, ancien trésorier du comité de souscription ; il me renouvelait en outre le mandat de m'entendre avec M. l'architecte du département pour faire exécuter au plus tôt les travaux nécessaires, réclamés par la destination à donner à l'oratoire et à la maison Paoli.

Le recouvrement des fonds Conti ne tarda pas à s'effectuer. et le 18 février suivant, l'acte notarié de cession était passé en l'hôtel de la Préfecture entre M. Frémont, préfet de la Corse et M. Franceschini-Pietri, dûment représenté par M. Baciocchi, André, son beau-frère.

Huit conseilliers généraux avaient tenu à assister à la passation de cet acte.

3° Travaux exécutés

Quelques jours après, muni des instructions de M. l'architecte, qui n'aurait pas tardé à venir m'y rejoindre, je partais pour Morosaglia pour préparer les voies ; les frères Tomasi quittaient les lieux ; un comité local était formé ; les dispositions étaient prises pour la réunion des matériaux qu'il fallait préparer d'avance pour ne pas subir des points d'arrêt une fois qu'on aurait organisé les chantiers et commencé les travaux, à la bonne saison ; et de là, je me rendis à Bastia pour m'entendre avec des fournisseurs, relativement aux matériaux qu'on ne pouvait trouver que là.

A l'arrivée de M. l'architecte, les dernières dispositions furent prises, et les conditions, dans lesquelles les travaux devaient être exécutés, arrêtées ; M. Sandreschi, agent-voyer cantonal pour la direction sur place ; M. Mattei, Ant.-Philippe, pour la tenue des feuilles d'attachement, la comptabilité, la surveillance des travaux et le bon emploi des matériaux, etc.

Voici un aperçu des travaux exécutés :

1° *Maison*

Consolidation des 4 murs, moyennant un fort ancrage.

Rechaussement des fondations, mises à nu par le temps et les pluies, et remplacement des moellons ébréchés.

Renouvellement de la toiture et d'une partie de la charpente.

Grattage des murs, mise d'équerre et crépissage (sable du Golo.)

Remplacement de toute la boiserie, planchers, portes, fenêtres, etc.

Construction d'un grand escalier en pierre.

2° *Chapelle*

Abaissement du niveau du pavé.

Reprise en sous-œuvre des murs.

Ornementation au plâtre.

Carrelage marbre blanc et noir de Belgique, etc, etc.

Construction du caveau.

Quant au mobilier, on sait qu'il provient du triage qui a été fait sur celui des anciennes chapelles des Ecoles Normales. Il est à peu près complet ; tout ce qu'il y avait de mieux a été réservé ; l'excédent a reçu la destination que le conseil avait désignée ; quelques Eglises pauvres en ont profité.

Ci-joint un inventaire du mobilier actuel, ancien et nouveau.

La pierre tombale qui scelle le caveau porte cette inscription :

QUI RIPOSANO REDUCI DA INGHILTERRA

LE OSSA DI Fº.-ANT. PASQUALE DE PAOLI

PADRE DELLA PATRIA

SEPTEMBRE 1889

3º *Place et rampe d'accès*

Le terrain fortement incliné qui longe la façade est et sur lequel s'ouvrent la porte d'entrée de la maison et celle de la Chapelle, a été transformé en une place d'une superficie d'environ cent mèt. carrés. Elle est entourée, protégée et soutenue par des murs en maçonnerie : on y entre par un perron qui devrait être muni d'une grille ; en contre-bas a été ménagée une terrasse qui contourne la maison au sud, pour pénétrer dans les caves du sous sol, où l'on arrive par un passage très étroit, resserré par l'angle de la maison Polidori et le rocher sur lequel est fondée la maison Paoli. De ce passage vient le nom de *La Stretta di Morosaglia*.

L'ancien jardin a été utilisé pour la construction d'une rampe d'accès carrossable, d'une longueur de 60 ou 70 mètres, reliant la place précitée à la route nationale, 197. Un solide mur de soutènement sépare les deux.

4º *Plaques commémoratives*

Une plaque, placée au-dessus de la porte de la Chapelle, porte cette inscription :

IL PADRE DELLA PATRIA È QUI SEPOLTO :

LA DOVE NACQUE EI GIACE :

IL VOTO PIO DI CIRNO ORMAI È SCIOLTO !

REQUIESCAT IN PACE.

Et sur une deuxième, on lit : « Sacellum domûs de Paoli. »

Enfin, à côté de la porte d'entrée, une troisième plaque de marbre incrustée dans le mur rappelle le don de M. Franceschini-Pietri, et la restauration faite par le département.

4° Translation des Cendres

Pendant que ces travaux étaient poussés avec vigueur à Morosaglia, trois de nos compatriotes, établis depuis longtemps en Angleterre, mais toujours Corses par le cœur, s'occupaient activement à Londres pour que toutes les formalités y fussent préalablement remplies, à l'arrivée de la Commission. C'est grâce à eux que la Corse a pu être représentée dans ses cinq arrondissements aux cérémonies de l'exhumation, du convoi et du service solennel, célébré le samedi, 31 août, à l'Eglise catholique de St-Louis de Gonzague ; c'est grâce à leur sollicitude que le soir du même jour, nous pouvions partir de Londres, en emportant avec nous, comme un précieux trésor, les restes mortels que nous avions été y recueillir. (1)

Mais avant de quitter cette « terre de liberté », où tant de nobles infortunes devaient, après Paoli, aller chercher et trouver « un asile sûr et un séjour honoré », je dois payer un tribut de respectueuse reconnaissance à S. E. le cardinal Manning, cet admirable vieillard qui daigna nous accueillir avec tant de bienveillance et voulut nous honorer d'une distinction que nous n'avions même pas songé à demander.

Des remerciments sont dûs également aux organes de la presse

(1) MM. Jean Lanzi, d'Ajaccio.

P.-P. de Casabianca, sénateur, de Bastia.

Franceschini-Pietri, de l'Ile-Rousse.

Paul Poggi, de Morosaglia.

Emile Casabianca, de Bonifacio.

anglaise qui ont publié, à cette occasion, des articles aussi élogieux pour le général Paoli que sympathiques pour notre île.

Mais de tous ces témoignages d'admiration pour notre Héros et de sympathie pour la Corse, aucun n'a touché plus profondément les membres de la Commission, qu'une simple couronne posée sur le cercueil par une main pieuse et portant cette inscription : « AU GRAND PATRIOTE CORSE, EUGÉNIE. »

Les pompes funèbres de Londres s'étaient chargées de tout. Le directeur nous suivait jusqu'à *Calais* : là, le cercueil et les marbres qui l'accompagnaient, pris sur le tombeau de St Pancrace, furent placés dans un wagon spécial dont nous eûmes la clé et d'où nous ne devions plus le retirer qu'à Marseille.

Nous arrivions dans cette ville le matin du 3 septembre, jour de mercredi. Nous fûmes salués, en entrant en gare, par de joyeuses acclamations : c'étaient des corses, habitant Marseille et les environs ; c'étaient les délégués des corses accourus de Toulon.

Ils poussaient des hourras ; ils agitaient des bannières ; ils présentaient des couronnes en versant des larmes. Leur nombre allait toujours croissant. On procède aux constatations ; le char funèbre est prêt ; le lourd cercueil, fait de plomb et de chêne, est soulevé et porté comme une plume ; le cortège se forme, et, se rangeant sur deux files, s'avance silencieux et recueilli autour du cercueil, à travers les larges rues de la cité phocéenne.

La bannière nationale, à la tête du maure, ouvre la marche ; sur notre passage la foule se range et se découvre ; les voitures se retirent sur le côté ; plusieurs navires en rade sont pavoisés ; l'équipage est sur le pont et crie à pleins poumons : *Viva de Paoli ! Viva la Corsica !*

Le paquebot *Comte Baciocchi* était à quai. De nombreux discours furent prononcés ; M. Filippi, président de la Société Corse de secours mutuels ; M. Bartoli, l'auteur d'une histoire de de Paoli, parlèrent du Grand Patriote et de la Corse de façon à provoquer de chaleureux applaudissements. Nous en entendions encore l'écho quand le bateau tout pavoisé était déjà loin et sortait du port de la Joliette ; le lendemain, au point du jour, nous étions à l'Ile-Rousse. Toute la ville était sur pied : l'accueil fut tel que la Commission l'avait deviné, quand elle avait, dès l'abord, choisi ce point de débarquement.

L'Ile-Rousse rendit aux restes vénérés de son illustre fondateur tous les honneurs que la piété filiale peut inspirer à des enfants bien nés pour honorer les auteurs de leurs jours. Vous étiez là, Monsieur le Préfet, vous vous associez à la joie commune, et, au nom du gouvernement de la République, que vous représentez si dignement parmi nous, vous souhaitiez la bienvenue à notre Grand Concitoyen en des termes que nous n'oublierons jamais.

Deux jours suffirent à peine pour laisser aux patriotiques populations de la Balagne, accourues en foule, le temps de satisfaire leurs sentiments de pieuse reconnaissance. Le vendredi, 6 septembre, une prolonge d'artillerie ornée de tentures et de drapeaux recevait le cercueil et prenait la direction de Morosaglia.

Une halte à Belgodere était inévitable, c'était la patrie du P. Buonfiglio Guelfucci : il fallut autoriser une absoute dans l'église, des discours sur la place, des acclamations bruyantes. Une halte plus longue devenait nécessaire à Palasca. Là reposent, sous les dalles de la vieille église, les os de Felice-Antonia, fille d'Hyacinthe, et souche de ce qui nous reste encore des héritiers du général Paoli.

Les ossements du frère et de la sœur mis ainsi en contact dûrent tressaillir de bonheur et de joie. Pendant qu'à l'église la confrérie chantait les offices, les portes de la maison qu'avait habitée Felice-Antonia s'ouvraient toutes grandes. Là s'étaient réunis tous ses arrière petits-fils : M. Louis Leoni faisait les honneurs.

Un train spécial, gracieusement mis à notre disposition, nous attendait, et vers 4 heures nous étions à Ponte-Leccia, terre du vieux Rostino, théâtre de la victoire de Sampiero sur les Génois.

Des calèches y avaient été envoyées d'avance de Belgodere et de Palasca : tout ce qu'on avait pu trouver de cabriolets, de chars à bancs, de charrettes, de chevaux et de mulets y avaient été réuni par les braves Rostininchi. Les artilleurs sont à leur poste ; on organise le départ ; en une demi-heure tout est prêt.

La prolonge s'avance ; 15 voitures la suivent ; de nombreux cavaliers prennent les devants ; la foule marche à pied et suit de loin. La rude montée est enfin franchie, et nous voilà, au tomber de la nuit, à l'entrée de la profonde vallée de Morosaglia : la population s'était portée à notre rencontre ; la nombreuse confrérie, au grand complet, était rangée sur les deux bords de la route ; chaque confrère, couvert de sa robe blanche, portait à la main une torche allumée.

Tandis que d'un côté on psalmodie sur un ton plaintif des chants funèbres, de l'autre on pousse en chœur de retentissants vivats qui, se répercutant dans les rochers de San-Pietrone, portent l'heureuse nouvelle dans les nombreux villages, assis sur ses flancs. Nous sommes sur la place du célèbre couvent ; soudain, toute la vallée est éclairée à jour ; Castineta et Gavignano, placés sur l'autre versant présentent le spectacle d'un vaste incendie.

C'est du hameau de la Stretta, c'est de la maison Paoli qu'est parti le signal ; c'est elle qui brille du plus vif éclat ; on voit flotter sur son faîte les larges plis d'un drapeau à la tête du Maure ; c'est l'hommage qu'ont envoyé les braves concitoyens de Sampiero.

C'est vers la Stretta, c'est sur la maison Paoli, hier encore une masure, que se portaient tous les regards ; ce soir-là, les grandes âmes qui l'avaient habitée étaient venues sans doute la visiter et avaient laissé tomber sur elle un faible rayon de la gloire qui les couronne ! Elle dominait, du tertre élevé où elle est assise, toutes les maisons environnantes, brillamment illuminées, et qui, rangées à ses pieds, semblaient lui rendre hommage.

Le cercueil, déposé dans l'église du couvent, où reposent les restes de Clément, y fut veillé toute la nuit ; les habitants se disputèrent l'honneur d'héberger les étrangers, celui qui pouvait en recevoir un plus grand nombre s'en montrait fier et glorieux.

Le lendemain, samedi 7 septembre, on voyait, dès le point du jour, arriver par tous les chemins de longues caravanes de pieux visiteurs ; la vieille terre des communes s'était donnée rendez-vous à Morosaglia, ce *forum* de la vieille Corse, cette terre classique de l'indépendance nationale.

Le service solennel terminé, vint le tour des orateurs ; l'immense foule ne se lassait pas de les écouter ; mais ils étaient trop nombreux ; on donna le signal du départ vers le hameau de la Stretta ; le cercueil y fut porté à bras ; clergé, magistrature armée, administration, enseignement, tout figurait dans ce cortége, où, au milieu d'un beau désordre, on se disputait l'honneur de partager le glorieux fardeau. Mais nous sommes arrivés : M. l'architecte est sur le perron que surmonte un arc de feuillage ; le cercueil est introduit dans l'oratoire, où il est disposé tout à côté de la chambre où fut dressé son berceau, dans sa propre maison, convertie en un temple de gloire ! La foule s'écoule satisfaite et heureuse, mais les orateurs parlent toujours au milieu d'applaudissements frénétiques ; celà dura jusqu'à la nuit.

Le lendemain 8 septembre, on procédait à la bénédiction du sanctuaire ; puis diverses messes y étaient célébrées ; j'eus la consolation d'y célébrer aussi ; ce fut une messe d'actions de grâces, à laquelle assistèrent les membres de la commission et les parents de la famille. Nous remerciâmes tous Dieu, de grand cœur, pour les bienfaits reçus pendant ce pélérinage, qui avait duré juste un mois. Nous nous séparâmes enfin, emportant chacun avec soi l'immense satisfaction que procure le devoir accompli.

Le mandat, que le Conseil général avait donné à la commission, était terminé ; mais je ne terminerai pas ce rapport sans remercier publiquement, en son nom, ceux qui nous ont si puissamment secondé, pour accomplir, cette œuvre patriotique : Monsieur le préfet, d'abord, puis les autres chefs de service ou simples employés, auxquels nous avons dû si souvent demander conseil et assistance ; M. le sénateur Morelli et les agents de la compagnie qu'il dirige ; la compagnie des chemins de fer départementaux ; l'administration de la guerre, et enfin et surtout M. l'architecte du département, et avec lui tous ceux qui, à divers degrés, ont si généreusement travaillé avec nous et ont apporté leur pierre pour élever, à la Stretta di Morosaglia, ce modeste mais impérissable monument, qui attestera aux générations futures le culte de piété filiale que la Corse reconnaissante a voué à tout jamais au PÈRE DE LA PATRIE !

Ajaccio, le 14 avril 1890.

J.-B. SALICETI, *Chanoine.*

PROCÈS-VERBAL DE LA TRANSLATION DES CENDRES

du Général Pascal de PAOLI

L'an mil huit cent quatre-vingt-neuf, le trente-un août, à neuf heures du matin, il a été procédé dans le cimetière de l'ancienne église de St-Pancrace, à Londres, à l'exhumation des cendres du Général P. de Paoli. La tombe située dans la partie sud du cimetière, aujourd'hui converti en jardins publics, à l'extrémité d'une avenue portant le nom d'*Avenue Paoli*, consistait en un caveau en briques, voûté ; il était surmonté d'un monument en pierres, portant sur l'un des côtés, l'inscription suivante :

D. O. M.

PASCHALIS DE PAOLI

SUPREMI OLIM CORSORUM DUCIS ET MODERATORIS

MEMORIÆ SACRUM.

Qui primâ et priore ætate in Corsica insulâ peracta in
Patria libertate contra Gennuensem tyrannidem vendicanda
Afferenda tutanda et in Republica optimis legibus
Institutisque ordinanda atque administranda deinde
Insulæ occupatione contra Gallorum invidientium
Arma atque exercitus strenuis conatibus et successibus
per biennium fere retardata Corsis tandem impari
hostium numéro ad deditionem coactis in Continentem
Italiam et mox in Angliam tutissimus omni tempore
exagitata virtutis perfusione secessit illustris exul
Anno elapsi sæculi LXIX ubi magnanimo Gentis
plausu à Georgio III potentissimo et optimo Principe
humanissime in tutelam receptus et regia munificencia

Suffultus reliquam vitam bonis omnibus in honore et ingenti
astimatione habitus expevit in pace.
Vir ingenii vi animi et magnitudine et constantia
militari fortitudine et politica sapientia pietale in Deum
Caritate in patriam liberatitate in suos atque in egenos comitate
in omnes politiorum litterarum cultura et morum amænitate
decoro atque elegantia inter omnes clarissimus œvi et omnium gentium
perpetuo colendus.
NATUS ROSTINI IN CORSICA, NONIS APR. AN RED SAL. MDCCXXV.
OBIIT LONDINI NONIS FEBRUARII ANN. MDCCCVII
ETATIS SUÆ LXXXII.

Sur un autre côté, l'écusson de la famille : un bras armé d'une
épée ; et sur le troisième la tête du Maure.

En vertu de l'autorisation accordée par le gouvernement
anglais à M. Franceschini-Pietri, le caveau a été ouvert en
présence de la Commission du Conseil général de la Corse,
composée de

MM. FRANCESCHINI-PIETRI,
    Le Chanoine Jean-Baptiste SALICETI,
    Pierre-Paul DE CASABIANCA, Sénateur,
    Paul POGGI,
    Emile CASABIANCA,
    Jean LANZI,

de M. le Docteur VENTRAS, délégué par le Consul Général de
France, afin de faire les constatations d'usage et certifier que les
mesures sanitaires avaient été prises ;

de M. KUECHT, représentant le Consul Général ;

de M. PURCHASE, Président du Conseil supérieur de la paroisse
de St-Pancrace ;

de M. W. BOOT-SCOTT, Secrétaire de ce Conseil ;

de M. A. M. HAWTREY, Inspecteur-adjoint du cimetière ;

de M. T. ECCLESTON-GIBB, Employé de la paroisse ;

des Représentants de la Presse de Londres et d'un grand
nombre d'autres personnes.

Le cercueil en plomb renfermant les cendres du général Pascal
de Paoli, retrouvé au fond du caveau, a été remonté sur le sol.
Il a été constaté qu'il était dans un parfait état de conservation.

Sur la partie supérieure de ce cercueil était soudée une plaque
en plomb portant l'inscription suivante :

2

Pascal de Paoli
Corsorum olim supremus
Dux et moderator
Natus die V Aprilis
Ann. Dom. 1725
Vita functus Londini
Die V Februarii
Ann. Dom. 1807

L'identité du cercueil ayant été dûment constatée par les personnes présentes et sa fermeture étant complète, il a été placé dans un cercueil en bois de chêne préparé à cet effet. Les vides laissés entre les deux cercueils ont été comblés par de la sciure de bois mélangée à du sulfate de zinc, suivant les procédés d'usage en Angleterre, pour obtenir une sécurité sanitaire complète.

Le couvercle a été posé sur le cercueil en chêne et il a été rivé au moyen de vis en cuivre.

Le cercueil en chêne porte huit poignées en cuivre, trois de chacun des côtés latéraux, une à la partie supérieure et l'autre à la partie inférieure. Les jointures sont armées de plaques de cuivre, et sur les quatre côtés il y a des croix également en cuivre. Sur le couvercle est rivé un crucifix : au-dessus une plaque reproduisant l'inscription qui a été trouvée sur le cercueil de plomb et citée plus haut, et enfin, au-dessous, une autre croix, le tout en cuivre.

Lorsque le cercueil en chêne a été fermé, le représentant de M. le Consul général de France a fait l'apposition des scellés du consulat, au moyen de rubans noirs entourant le cercueil sur tous les côtés, et dont les extrémités ont été fixées au bois, et recouverts ensuite du cachet du consulat général.

En foi de quoi le présent procès-verbal. etc.

Le quatre septembre 1889, le cercueil renfermant les cendres du général Paoli était débarqué à l'Ile-Rousse. M. le Préfet de la Corse, accompagné du Maire et du Conseil municipal de l'Ile-Rousse, des délégués du Conseil municipal de Morosaglia, des Maires de Calvi, de Corte, des membres du Conseil général de l'arrondissement de Calvi et de toute la population de la ville et de l'arrondissement, venait le recevoir sur le quai. Transporté dans l'Eglise de l'Ile-Rousse, Mgr de la Foata, Evêque d'Ajaccio, le recevait sous le porche entouré de tout son clergé. Il y resta déposé jusqu'au vendredi, 6 septembre. A cette date, à 6 heures du matin, il a été placé sur une prolonge d'artillerie disposée et ornée à cet effet, pour être transporté à Morosaglia, où il est arrivé le même jour, à 7 heures du soir, et placé sur un catafalque dressé dans l'intérieur de l'Eglise paroissiale.

Le samedi 7, à dix heures du matin, un service religieux a été célébré dans l'Eglise, puis le corps a été transporté dans la chapelle de la maison de la Stretta, où Paoli était né le 5 avril 1725, et où il a été enterré le 7 septembre 1889.

En foi de quoi, avons signé le présent procès-verbal.

TESTAMENT DU GÉNÉRAL PAOLI

Extraided from the registres of the prerogatives cours of cantorbury. The codicill lothe last wil of Philippo Antonio Paschali Paoli. Esq° deciales desas follows.

Avanzato assai negli anni, ma in buona salute e in mente chiara, ho risoluto dichiarare in lingua italiana l'ultima mia volontà, per la più sicura intelligenza de'miei eredi, da servire da testamento o codicillo di quello che dettai in lingua inglese, nell'ultima mia malattia, li tre aprile del mille otto cento quattro, apr. 3, 1804, nel quale nominai per miei legatarj ed esecutori testamentarj S. Ecc. Carlo Pierponts, Lord Visconti Newark, il Rev. dottor Burnaby di Gienwal... quale testamento confermo annullandone ogn'altro antecedentemente fatto, e confermo altresi la nomina delli sudetti miei legatarj esecutori testamentarj.

Accadendo la mia morte in Londra, desidero che il mio cadavere sia depositato nella Chiesa o Cappella di S. Pancrazio, dove per lo più sono quei stranieri della mia comunione seppelliti. Ivi desidero che sia condotto decentemente, ma senza ostentazione di spesa o apparato, all'imbrunir della notte, in una ersa seguita della mia carozza e da quella di alcuno de'miei esecutori testamentarj. La cassa nella quale sarà posto sia semplice, e vorrei che fosse conservato in qualche volta per evitare che la curiosità di qualche chirurgo non lo facesse rubare per farne anatomia.

Lascio miei eredi di quel ch'io possedei in Corsica in beni stabili, lasciati per connivenza in mano di altri e d'ogni pretensione per crediti é somme dovutemi, li discendenti delle mie nepoti ex sorore Felice Antonia Leonetti, Maddalena e Maria di di lei sorella, questa che fù moglie del sig. Pasquale Fondacci di Santa Riparata, l'altra che fù moglie del fù Giov. Batta Leoni di Palasca, ambi della provincia di Balagna, da dividersi fra loro a porzioni eguali, *per stirpe* e non *per capita.*

Ricevendo essi li stabili in buona fede posseduti dà altri, e li crediti e somme dovutemi, non dovranno ricercarsi ne frutti ne interessi decorsi. Tutto il danaro che alla mia morte sarà ritrovato presso di me o in mano de'miei banchieri, li signori Drumonds de Charwing Croze, o nel banco o in alcun altro de'fondi pubblici di questa nazione, sarà confidato alli miei amministratori legatarj, perchè dopo le spese per il mio interramento e la soddisfazione di qualche debito che vi fosse, e la confermazione del mio testamento, ne facciano la distribuzione nel modo sequente : —Lascio al capitan Filippo Masseria ducento lire sterline ; alle figlie del sig. Poggi, Maria, Luisa e Elisabetta cinquanta lire per ciascheduna. Voglio che sia restituito al sig. Francesco Sascres la poliza che mi fece per cinque cento lire sterline che gli prestai e per lequali esso non sarà ricercato ne per frutti o interessi decorsi ; anzi in contrassegno di gratitudine per le attenzioni che ei ha sempre avute per me, lascio che gli siano date altre cinquanta lire sterline ; lascio che sia comprato un ricordo di trenta lire sterline a sua scielta al cav. Pesaro ; lascio al sig. Tiberio Cavallo, cinquanta lire sterline, e all'signori Polidori Passanti...

La mia mobiglia di casa e vini saranno divisi per egual porzione fra i miei domestici Corsi, Giacomo Orsi, Giov. Bat. Graziani e Giuseppe Ciaccaldi, eccetto dodici cocchiare d'argento ed altrettanti coltelli e forchette compagne a richiesta e scelta del sig. Francesco Pietri, il quale potrà anche sceglicre frà i miei libri quelli che gli piaceranno. Lascio a Giacom'Orsi cinque cento lire sterline : esso per venire almio servizio, lasciò il commercio nel quale profittava ed una professione nella quale si avantaggiava ; lascio a Giov. Bat. Graziani ducento cinquanta lire sterline per l'affezzione e fedeltà colla quale mi ha servito, e cento ne saranno date a Giuseppe Ciaccaldi, cinquante le ha avute per accomodarsi nella casa che prese in affitto : agli altri domestici che saranno al mio servizio al tempo di mia morte, lascio un'annata intiera de'loro salarj respettivi per ciascheduno.

Desidero che siano confidate a Giacomo Orsi trecento cinquanta lire sterline perchè ne consegni in Corsica cinquanta per una alle tre famiglia discendenti dal fù Ludovico Giudicelli di Morosaglia, e cinquanta per una alle due famiglie discendenti dalle due figlie della fù Maria Baldassari di Pastoreccia di Rostino. Altre ducento lire gli saranno consegnate perchè al suo

ritorno in Corsica o quanto più presto può, egli le rimetta al
sig. Ambroggio Franceschetti, per ricordo di affezzione alla
memoria del padre che fu marito di mia sorella Maria Francesca.
Li miei amministratori avranno attresì in deposito cento no-
vanta lire sterline già di spettanza del V. Francesco Frediani, da
me ricevute in conte della sua pensione da questo Governo, per
rimettergliele a di lei richiesta. Lascio parimento in deposito
alli miei amministratori settanta lire sterline da servire per
mantenimento del figlio del fù Giacomo Pietro Ciavaldini alla
scuola per due anni.

Lascio cinquanta lire annue per il mantenimento di un'abile
maestro, che nel paese di Morosaglia, luoco di mezzo della pieve
di Rostino, insegni a ben leggere e scrivere secondo il più ap-
provato stile normale e l'aritmetica alli giovanetti di detta pieve,
ed agl'altri che vorranno profittare di tale stabilimento.

Avendo desiderato che fosse dal Governo riaperta una scuola
pubblica in Corte, luogo di mezzo per la maggior parte della
popolazione dell'Isola, lascio ducento lire sterline annue per
salario di quattro professori, il primo perchè insegni la teologia
naturale ed i principj di evidenza naturale della divinità della
religione cristiana ; il secondo la etica ed il dritto delle genti ;
il terzo i principj della filosofia naturale, ed il quarto, gli ele-
menti della matematica.

In caso poi che questa scuola in Corte non potesse aver luogo,
fermo nel proposito di contribuire all'istruzzione de'miei nazionali, lascio ducento cinquanta lire sterline annue per mantenimento di cinque alunni in alcuna delle migliori università del
continente. Due dovranno essere scelti nel dipartimento di Golo,
due in quello di Liamone e nei paesi dell'interiore, quelli
de'luoghi di mare dove il commercio fornisce più commodi, non
avendo bisogno di questo gratuito soccorso. Il quinto sarà della
pieve di Rostino : questo sarà eletto a voto secreto de'parocchi
e municipali della Pieve, sotto il giuramento di scegliere il più
idoneo e capace di profittare e fare onore alla sua Pieve. Gli
altri quattro saranno nominati nelle adunanze generali de'ris-
pettivi Dipartimenti. Questi alunni da eleggersi non dovranno
essere minori di quindeci anni nè maggiori di sedici ; reste-
ranno cinque anni alla università, ed avranno per ciascheduno
cinquanta lire all'anno.

Dopo di aveve assicurato questi legati, li miei amministratori
rimetteranno alli miei eredi di sopra nominati, discendenti
dalle mie nepoti ex sorore quel danaro che sarà trovato presso
di me o in mano de miei banchieri li signori Drumonds o in alcun
altro de fondi pubblici di questa nazione da dividersi frà loro a

porzione uguale *per stirpe* e non *per capita*. Sulla porzione che toccherà alli discendenti della fù Maddalena mia nepote, cinque mila franchi saranno prelevati per l'unica di lei figlia, se è vivente cella mia morte, ed attrettanti per ciascuna, se è sopravivente, celle due figlia di Maria Fondacci mia nepote.

Londra, li 23 Novembre 1804.

Pasquale de PAOLI.

3° Memorandum per li miei escutori testamentarj.

Del danaro che si troverà di mia spettanza alla mia morte, fra gli altri legati o donativi voglio che ducento lire sterline ne siano dato al signor Ambroggio Franceschetti, figlio del fù mio cognato, come una grata memoria della generosità del Padre : cento cinquanta lire sterline alle tre famiglie discendenti del fù Lodovico Giudicelli da partirsi per ugual porzione e cento lire alli discendenti delle due figlie della Maria Baldassari, mia nepote, cinquanta lire per famiglia...

Londra, 16 Marzo 1805.

Pasquale de PAOLI.

Principaux Discours prononcés à cette occasion

Discours prononcé à Marseille, le 3 septembre 1889, à l'occasion du départ pour la Corse des cendres de Pascal Paoli, par M. Bartoli, inspecteur en retraite, auteur d'une vie du Grand Patriote Corse.

Messieurs,

De nombreux concitoyens de la Corse bien-aimée qui habitent l'hospitalière et chère cité de Toulon, profondément affligés de ne plus pouvoir, par suite d'une subite modification apportée à l'itinéraire, faire aux cendres de l'immortel général Pascal Paoli la pieuse et imposante manifestation qu'ils avaient méditée et préparée m'ont prié de venir, en compagnie des délégués de nos compatriotes et de ceux des cercles Corses de Toulon : *Général Paoli, Union Corse, Corses Indépendants et Fraternité Corse*, saluer sur leur passage à Marseille ces cendres illustres et à jamais vénérées.

Sans me demander s'il n'en était pas de plus éloquents et de plus dignes pour prendre la parole dans cette pieuse cérémonie, j'ai accepté, car je me suis dit que, en somme, j'ai été et je suis encore l'historien de Paoli. J'ai toujours eu le culte de la mémoire du grand patriote, c'est là mon seul titre à l'honneur qu'on a bien voulu me faire. Ces glorieuses obsèques, il y a longtemps que je les ambitionnais pour notre héros, et souvent je les ai réclamées par la presse. Mais enfin, par le zèle patriotique et l'intelligente activité de vous tous, messieurs les membres de la commission de translation, le jour en est arrivé, et grâces vous en soient rendues.

Je ne ferai pas à mes concitoyens l'injure de leur rappeler ce que fut Paoli ; nous tous, Corses, nous savons notre pays et nos grands hommes. Je rappellerai simplement que, après avoir donné toute sa vie à la grandeur de son pays, il s'éteignit loin de son île adorée, grandie par lui, dans les brumes épaisses de Londres, le 5 février 1807, à l'âge de 82 ans, l'Empereur Napoléon Ier, son glorieux filleul, régnant en France.

Et depuis lors, sa belle âme errait dans la froide Albion, comme ces âmes de Virgile et de Dante à qui l'on refuse de passer le Styx pour arriver aux Champs-Elysées, parce que leurs corps n'ont point trouvé assez d'amitié pour leur donner une sépulture. Cette sépulture, Paoli l'aura désormais : c'est toute la Corse qui la lui aura faite. Si la justice est tardive, elle est du moins complète, et la marche funèbre du héros corse est, depuis l'Angleterre, une vraie marche triomphale, comme triomphal fut, en 1769, son voyage à travers l'Italie et l'Allemagne, lorsque après l'immolation de la nationalité corse, il allait chercher un refuge auprès de l'hospitalier et libre pays de la Grande-Bretagne. J'en atteste votre présence enthousiaste à tous, à l'ombre du drapeau qui fut celui de la Corse et à l'ombre du drapeau de la France où se trouve le blanc de notre étendard pour bien indiquer la fusion de nos cœurs sous la grande patrie de nous tous. Que les irrédentistes italiens ne s'y trompent pas ; la Corse ne sera plus génoise. Et, si des velléités d'un autre âge osaient se produire, la conque marine, le Colombo, jetterait à tous les échos de l'île, les cris retentissants d'un sauvage et indomptable patriotisme, et réveillerait dans leurs tombes les Sambucuccio, les Sampiero, les Gafforj, les Ceccaldi, les Hyacinthe, les Clément Paoli.

Désormais, pour grossir la sainte phalange de nos chers morts, Paoli dormira satisfait, mais toujours frémissant, dans la terre sacrée à côté des vieux lutteurs. — C'est qu'il avait toutes les mâles vertus le grand Paoli et tous les héroïsmes. En exil, depuis l'âge de 14 ans, avec son noble père Hyacinthe, vaincu par les armées françaises, le jeune officier au service de S. M. Sicilienne, revenu en Corse, fut, en 1755, au couvent de Sant-Antonio de la Casabianca, investi par la volonté nationale, du pouvoir suprême, sous le titre de Général de la Nation.

Stoïque aussi bien que les grands hommes de la Rome antique, beau comme Cincinnatus, il prenait le glaive de la justice et l'épée du guerrier, il sauvait la patrie autant qu'il la pouvait sauver ; mais il ne lui vint jamais à la pensée que l'épée d'un soldat pût viser la liberté de son pays. Par son patriotique ascendant, par ses mâles vertus, par les grandes qualités de son cœur, il força tous ses compatriotes, jusque-là presque toujours désunis, à n'avoir plus qu'une seule passion, l'amour de la concorde pour grandir la patrie dans les élans d'une commune affection.

Et quel législateur que Paoli ! Notre pays d'ailleurs n'a-t-il pas été le pays du droit éternel ? Nous avons toujours été dans le passé, réduits à être des hommes du droit, puisque nous avons toujours été condamnés à défendre notre liberté. La vendetta fut même chez nous le désespoir du droit outragé et impuissant à se défendre. Quel constituant que Paoli ! Ses institutions ont devancé, en les prévenant, les chartes de Wasington et des assemblées de la Révolution Française.

Le 8 Mai 1769, la vieille Monarchie des Bourbons fut aussi injuste qu'impolitiquement cruelle en tuant la liberté de la Corse et en anéantissant sa nationalité qui au milieu du sang généreux et pur des patriotes, fut noyée dans les eaux du Golo, à Ponte-Novo.

Il semblait que c'était une de ces tâches qu'un océan ne saurait effacer ; il suffit pour que tout fût oublié, d'un acte de justice de l'Assemblée nationale ; le 30 novembre 1790, la Corse fut déclarée département français. Aussi, désormais au grand foyer de la patrie française, nous avons librement pris notre place à côté des vieilles provinces restées d'autant plus unies entre elles qu'elles sont en deuil de deux sœurs adorées.

Paoli, sois fier de tes enfants : ils sont dignes de toi. Nous déposons religieusement sur ton cercueil — on dirait que tu n'es un mort que d'hier tant notre amour pour toi est vivace — nos couronnes triomphales. Acceptes-les comme un gage de notre filiale reconnaissance, car tant qu'un sang généreux coulera dans leurs veines, les Corses ne perdront jamais le souvenir de tes bienfaits et de ton amour pour la patrie que tu as voulu heureuse et indépendante Quand tu arriveras dans l'Ile, ces couronnes diront à tes enthousiastes admirateurs quel est notre amour pour toi : et, là-bas, à l'Ile-Rousse, ton œuvre, à la maison paternelle de Morosaglia où tu dormiras, il t'arrivera de tous les points où respirent des Corses, le souhait de nous tous ;

Si, o padre della patria la tua memoria in eterno vivra amata, benedetta, glorificata.

Discours prononcé par M. le Préfet à l'Ile-Rousse.

Messieurs,

En prenant la parole au moment où les cendres de Paoli sont enfin rendues à sa Patrie, ma première pensée doit être de rendre un hommage public de reconnaissance à tous ceux qui ont entrepris et mené à bien l'œuvre de réparation qui nous réunit aujourd'hui si nombreux, si empressés, si recueillis.

Honneur aux descendants de Paoli ; honneur à nos écrivains, qui, depuis de longues années et sans se lasser jamais, ont demandé le retour en Corse des cendres du général ; honneur au Conseil général de la Corse qui a voté cette mesure de justice et de réparation ; honneur à la commission exécutive qui l'a fait aboutir et spécialement à M. le chanoine Saliceti. La Corse entière conservera de leurs efforts communs le souvenir le plus reconnaissant.

Au nom du gouvernement de la République, je salue respectueusement les cendres de Pascal Paoli au moment où elles rentrent sur le sol natal après un exil immérité de 82 années. Je ne m'attendais pas au grand honneur qui m'échoit aujourd'hui, mais laissez-moi vous dire que je n'en étais pas tout à fait indigne, car bien longtemps avant de débarquer dans l'île, je connaissais l'histoire nationale de la Corse ; je savais qu'aux heures les plus critiques, la nation avait confié le soin ds ses destinées à un homme à peine âgé de 29 ans et que cet homme, tout à la fois, général victorieux, administrateur incomparable, magistrat éminent, avait mérité les titres de régnérateur de la Corse et de Père de la Patrie.

Mon admiration pour le grand patriote n'a fait que grandir depuis que je vis au milieu de vous tous, et que, dans mes conversations de chaque jour, je trouve pieusement conservé, le souvenir des vertus du grand général et des services qu'il a rendus à la Patrie. Ce culte, vous avez bien raison de le garder, car Paoli aima sa patrie de toute son âme ; il consacra toutes les forces de sa vaste intelligence à assurer l'émancipation de la Corse et à faire pénétrer dans l'âme de ses concitoyens les idées de liberté, de justice, de patrie, qui ont assuré à notre héros national, une place éminente parmi les véritables précurseurs de la Révolution Française.

C'était en 1756 ; la Corse, alors, engageait contre Gênes la lutte suprême. Sans vouloir retracer les annales glorieuses de cette époque que vous connaissez tous, laissez-moi vous rappeler que Paoli, investi des pouvoirs les plus étendus, avait rsussi à faire pénétrer dans l'âme de ses compatriotes le patriotisme ardent qui animait la sienne. Et cependant, pour obtenir ce résultat, il n'avait à offrir à ses compagnons d'armes ni dotations, ni distinctions honorifiques. Il s'était borné à ordonner que le nom des braves, morts au champ d'honneur, serait lu dans chaque paroisse, le dimanche à la grand'messe, et que cette lecture serait suivie d'un éloge funèbre dans lequel l'orateur exalterait leurs vertus patriotiques.

Ces prescriptions viriles portèrent leurs fruits ; tous les Corses en état de prendre les armes se rangèrent sous le drapeau de la patrie en danger, résolus au sacrifice de leur vie, pour assurer son émancipation. Et pour vous permettre d'apprécier le patriotisme ardent qui animait vos ancêtres, laissez-moi vous lire une lettre adressée à Paoli par le sergent Cristofari, mortellement blessé à la bataille de Furiani :

Hôpital de Casinca, 29 juillet 1763.

A MON GÉNÉRAL PAOLI,

Puisque Dieu m'appelle à l'éternité de son Paradis, je ne veux pas manquer de vous assurer que pour notre Patrie je meurs et je mourrais volontiers mille fois plutôt que de laisser trêve à ces infâmes génois !

Je vous demande pardon si dans l'action je n'ai fait que mon devoir ; je demande pardon aussi à tous les capitaines si jamais j'ai négligé de leur obéir et ce pardon, je suis sûr de l'obtenir parce que je n'ai pas une autre vie à mettre encore au service de la Patrie.

Je vous recommande mon père et ma mère afin que si l'occasion l'exige vous ayez soin d'eux, vous qui êtes le Père de tous.

Je prierai toujours pour vous le Très-Haut afin qu'il vous fasse vainqueur de la République de Gênes et que comme chef de notre Nation, il vous donne la force et le courage contre l'ennemi.

Enfin je vous souhaite une bonne santé.

Cette lettre, je l'écris aujourd'hui 20 juillet et demain je serai dans la tombe au milieu des cadavres des autres bons Patriotes qui ont répandu leur sang pour leur Patrie.

Votre affectionné sergent,

ANTOINE CRISTOFARI,
de Pietralba,

Avons-nous jamais rencontré dans les glorieuses annales de la Grèce ou de Rome des sentiments plus dignes d'admiration que ceux si virilement exprimés par ce modeste soldat ?

Vainqueur sur terre, Paoli conçut le projet audacieux d'atteindre la République de Gênes dans les forces vives de son commerce. Triomphant de difficultés inouies, il réussit à créer une marine qui s'empara de l'île de Capraja et inspirait aux Génois une crainte si justifiée, que, nuit et jour, deux galères armées stationnaient à l'entrée du port de Gènes pour prévenir toute surprise. Paoli lui-même tire quelque vanité d'un pareil résultat et j'eusse aimé à vous rappeler les termes exacts de sa satisfaction, si, détail caractéristique, les Etats généraux de la nation ne l'avaient, en ce moment, laissé manquer du papier nécessaire à sa correspondance.

Ni les soins de la guerre sur terre, ni la création d'une marine nationale, ne suffisaient à l'activité de Paoli ; fidèle aux principes de la philosophie sociale qu'il avait puisés dans les leçons de Vico, de Giannone et de Genovesi, il s'attacha à faire disparaître les nombreuses inimitiés qui existaient dans l'île et à ramener la concorde parmi tous les Corses. Il obtint ce difficile résultat en leur inspirant une confiance absolue dans sa justice, et je n'ai pas besoin de vous rappeler que cette justice rigoureuse s'appesantit tout d'abord sur un membre de sa famille. Sous l'administration de Paoli, les inimitiés disparurent et les Corses reniant le principe malsain de la Vendetta, laissèrent à la justice le soin de punir, dès qu'ils eurent la conviction que cette justice serait égale pour tous et assurée à tous.

C'est là, Messieurs, un grand enseignement que ne saurait trop méditer ceux qui ont l'honneur de détenir, soit comme fonctionnaires, soit comme magistrats élus, une parcelle de l'autorité, et qui doit être la règle de toutes leurs décisions.

Paoli s'efforçait en même temps de combattre l'ignorance du peuple que les Génois oppresseurs avaient érigée en principe de gouvernement. Des écoles furent ouvertes jusque dans les hameaux les plus reculés et, au centre même de la terre des communes, à Corte, il créait une Université sur les bancs de laquelle une jeunesse avide de s'instruire accourait de tous les points de l'Ile pour écouter les leçons de maîtres vénérés.

Voilà, bien rapidement retracés les grands résultats obtenus par Paoli : tout autre aurait considéré sa tâche comme terminée. Paoli au contraire pensa qu'il avait encore le devoir d'assurer une existence tranquille à ce peuple à qui il venait de donner la liberté. Et ici, permettez-moi de citer quelques lignes d'Arrighi, notre historien national, dont il est juste de prononcer le nom dans cette cérémonie, où il eût occupé une place si distinguée : si la mort ne l'eût ravi à notre affection reconnaissante :

« Tout autre se fût contenté des succès de la guerre. Paoli

« comprit qu'il avait une tâche non moins belle à remplir ;
« qu'une constitution libre était encore plus nécessaire que
« l'indépendance ; que sans elle l'affranchissement ne serait
« qu'un présent funeste, la liberté que de l'anarchie. »

La constitution que Paoli donna à la Corse avait pour base le suffrage universel et fonctionna avec une régularité parfaite. Jamais les assises populaires ne devinrent le théâtre de scènes sanglantes ou même tumultueuses. Le meilleur moyen d'obtenir des suffrages était de ne pas les solliciter ; le choix des électeurs se portait toujours sur les plus dignes, sur ceux que Paoli honorait de son amitié.

L'œuvre de Paoli était achevée ; peu de temps après, un décret de l'assemblée constituante décidait que la Corse ferait dorénavant partie intégrante de la France. Paoli, à la suite d'événements sur lesquels nous n'avons pas à revenir, allait terminer ses jours à Londres. Laissez-moi caractériser par un seul souvenir les sentiments qu'il professait alors à l'égard de la France : Seul, dans cette immense cité de Londres, il illuminait les fenêtres de sa maison à la nouvelle des victoires remportées par les armées françaises et, par la fermeté de son attitude, il imposait le respect de son dévouement à la France au milieu de nos adversaires les plus acharnés.

C'est sur cette simple constatation de ses sentiments que j'aurais voulu terminer ; et cependant il me semble que ma tâche ne serait pas achevée, si nous ne déduisions pas des enseignements d'une vie aussi bien remplie que celle de ce grand homme.

Nul doute que si Paoli pouvait encore faire entendre sa voix toujours respectueusement écoutée, il ne félicitât les Corses d'avoir, en aussi grand nombre, combattu pour la Patrie Française pendant l'année terrible, avec cette vaillance dont le colonel Achilli, au milieu de tant d'autres, a donné un si noble exemple ; nul doute qu'il n'exhortât les Corses à oublier leurs inimitiés de famille ou leurs divisions de partis et qu'il ne les engageât à se grouper tous derrière le grand citoyen qui préside si dignement aux destinées de la République, et dont le nom signifie : patrie, justice, liberté, concorde, c'est-à-dire les grandes idées au triomphe desquelles Paoli a consacré toute son existence.

Allocution prononcée par Monseigneur l'Evêque d'Ajaccio, le 4 septembre 1889, devant les cendres de Paoli à l'Ile-Rousse.

MESSIEURS,

La postérité qui, dans ses jugements équitables et sans appel, condamne à la honte et à l'oubli toute gloire usurpée, consacre, au contraire, celle des grands hommes dignes de ce titre, et les établit pour toujours dans la sereine immortalité de l'histoire. C'est ce qu'elle a fait pour le grand Citoyen qui rentre aujourd'ui dans sa patrie plus grand qu'il n'en sortit, et comme un souverain victorieux, auquel on décerne les honneurs du triomphe.

Par une pensée digne de tous nos éloges, le comité organisateur de cette magnifique réception a voulu que cette ville eût l'honneur de saluer la première la dépouille mortelle de son immortel fondateur. Il était juste, en effet, que la jeune et belle cité qui lui doit l'existence, et à laquelle s'attache l'impérissable souvenir de son nom, lui offrit la première une filiale hospitalité.

Au nom de ses habitants et de la Corse tout entière représentée ici par l'élite de ses magistrats, de son clergé, de ces innombrables concitoyens de tout rang, de tout ordre, de toute classe, accourus en foule de tous les points du pays. Nous souhaitons donc la bienvenue aux cendres du Grand Homme, qui voua à l'indépendance de sa patrie toute l'activité, toute l'ardeur de son âme, toutes les forces, toutes les puissances de son génie. Après un siècle d'exil, venez donc, cendres chéries, venez reposer à l'ombre de vos lauriers toujours verts, que le temps ne saurait jamais flétrir ; venez dormir en paix sous la garde de vos concitoyens, dans le pays qui vous a vu naître, et qui possèdera désormais votre tombe, comme il possédait votre berceau.

Oui, messieurs, cet honneur, quoique tardif, était bien dû au général Paoli, que son siècle combla d'estime, et à qui l'amour de ses compatriotes décerna le titre glorieux de « Père de la Patrie. » Jamais titre ne fut plus mérité, car la Corse reconnaissante acclamait en lui son glorieux bienfaiteur et le plus grand homme qu'elle ait produit avant Napoléon, dont il avait pressenti les destinées. Avant Paoli, Sambucuccio et Sampiero avaient donné sans doute l'exemple du plus grand courage et du patriotisme le plus ardent. Cœurs généreux, soldats intrépides, plutôt que chefs de leur nation, ils sont sombés sur la brèche, martyrs de la liberté qu'ils revendiquaient pour leur patrie opprimée. Leurs noms si populaires sont gravés en caractères ineffaçables dans les fastes de notre île, ainsi que dans le souvenir reconnaissant de la postérité.

Mais Paoli a marqué sa place et pris rang parmi les personnages célèbres qui ont illustré la fin du siècle dernier. Comme tous les hommes dont les hauts faits ont jeté le plus vif éclat sur leur pays, il a rencontré parmi ses contemporains des admirateurs passionnés et d'irréconciliables détracteurs ; de sorte que, toute proportion gardée, on peut dire de lui ce que l'immortel auteur du *Cinque maggio* a dit du martyr de Sainte-Hélène, qu'il fut de son vivant,

> *Segno d'immensa invidia*
> *E d'indomato amor.*

Mais l'histoire impartiale a placé le héros de l'indépendance corse au nombre des hommes d'Etat, des législateurs, des guerriers célèbres, des plus sages administrateurs, et s'il n'a pas brillé d'un plus grand éclat sur la scène du monde, c'est que son action circonscrite dans un cercle restreint, ne lui a guère permis de déployer toutes les ressources de son génie.

Proclamé quoique absent et jeune encore, chef suprême de son pays, Paoli se trouvait dans une des positions les plus difficiles, qu'il domina pourtant par les rares qualités dont il fut doué par une nature bienveillante. Quand il prit les rênes de son gouvernement, car il fut un véritable souverain, bien qu'il n'en eut pas le titre, tout était à créer. « Il était, dit un de ses » biographes sans troupes réglées, sans armes ni munitions ; » ayant à combattre à la fois le gouvernement de Gênes, et un » grand nombre de ses compatriotes attachés à ce gouverne- » ment. Il surmonta tous les obstacles, et en même temps qu'il » établissait une administration régulière, une Université, des » tribunaux, et que, par des peines sévères, il mettait un terme » aux nombreux assassinats qui se commettaient impunément » sur tous les points de l'Ile, il forma une armée imposante, » battit les gènois sur terre, créa une petite marine, et contrai- » gnit les ennemis de sa patrie à se renfermer dans les places » maritimes. »

Témoin de ces merveilles opérées en si peu de temps et avec tant de succès, au milieu de tant d'ennemis et de tant d'obstacles, plein d'admiration pour cet homme, qui se faisait aimer en se faisant obéir, le philosophe de Ferney voyait dans Paoli un grand législateur, plutôt qu'un habile guerrier. Mais le grand Frédéric, qui se connaissait en hommes de guerre, l'appelait *le premier capitaine de l'Europe*, et l'Europe ratifiait ce jugement.

En effet, lorsque, réduite à la dernière extrémité. la République de Gênes céda la Corse à la France, indigné de ce marché humiliant, qui répugnait si fort à la fierté de nos insulaires, Paoli qui, d'accord avec ses compatriotes, eût volontiers uni les destinées de son pays à celles de la France, ouvrit des négociations dans ce but. Mais voyant que ses justes réclamations ne trouvaient point d'écho à la Cour de Versailles, le Général fit appel au patriotisme des Corses, et avec des forces si peu en rapport avec celles des ennemis qu'il avait à combattre, résista avec avantage, pendant deux ans, à l'une des plus grandes puissances de l'Europe. Il battit l'armée française commandée par Chauvelin, et marcha contre le comte de Vaux, qui venait l'attaquer avec vingt-deux mille hommes.

Mais enfin, quand il fallut céder au nombre, sa défaite même fut aussi honorable qu'une victoire. La sanglante bataille de Ponte-Novo, qui n'a peut-être de comparable, dans l'histoire, que celle des Thermopyles, mit fin à l'indépendance de la Corse, ce rêve sublime, mais irréalisable, il faut en convenir, d'un cœur magnanime et généreux.

Devenue dès lors partie intégrante de la France, la Corse n'a pas eu à le regretter. Depuis Sampiero, c'étaient là, du reste, ses aspirations les plus intimes, et le plus grand homme des temps modernes est venu sceller lui-même cette union indissoluble. Napoléon n'a pas cependant fait oublier Paoli, que la fière Albion surnomma « le Timoléon de la Corse », et dont la mémoire immortelle sera toujours bénie, toujours honorée dans sa chère patrie. Elle lui rappellera ce que furent ses enfants à l'époque des guerres de l'indépendance, et ce qu'ils seraient encore, si les événements les mettaient dans la même nécessité.

Mais il est un autre point de vue, auquel il faut se placer, pour juger le général Paoli. Né dans ce XVIIIe siècle, que les philosophes et les encyclopédistes avaient perverti, au temps où les deux patriarches de l'incrédulité, Voltaire et Rousseau, qui pourtant exprimèrent, l'un et l'autre, leur admiration pour le législateur de la Corse, Paoli resta toujours chrétien, toujours fidèle, toujours dévoué à l'Eglise catholique. Les couvents de l'île étaient les centres où il convoquait les consultes de la nation ; les prêtres et les religieux étaient ses confidents, ses conseillers et ses secrétaires. Et lorsque, avec ses modestes ressources, il songea à fonder une Université dans la ville de Corte, il eût soin de créer une chaire d'évidence chrétienne pour l'enseignement des vérités religieuses. Et qui choisit-il pour diriger ce nouvel établissement ? Soit dit sans faire le procès à notre époque, ce fut un moine, un religieux aussi distingué par ses talents que par ses vertus. Et lui qui, le premier en Europe, pratiqua le système représentatif et le suffrage universel, comme le fait remarquer un de ses historiens, quand il vit les excès de la Convention, abjurant les croyances religieuses et le culte catholique, il se refroidit à son égard, et cette répulsion, inspirée à son cœur chrétien par le mépris de la foi de ses pères, lui attira les colères de la terrible assemblée, qui le décréta d'accusation et le mit hors la loi.

C'est encore sous l'empire de ce même sentiment, qu'il offrit à l'Angleterre la défense d'une patrie, dont il ne pouvait plus espérer de reconquérir l'indépendance. Dans cette conjoncture, il ne sut pas sans doute, comme son immortel compatriote, deviner le génie de la France, et en devenir, comme lui, la vivante incarnation. La Providence ne l'avait pas appelé à cette haute destinée. Mais tel qu'il a été, il a laissé dans son siècle une trace ineffaçable et profonde de son passage, et comme précurseur de Napoléon, il a fait pressentir au célèbre philosophe de Genève qu'un jour notre île étonnerait le monde.

PASCAL PAOLI

MONSEIGNEUR (1)

MESSIEURS

Il y a près d'un siècle, un bâtiment de la marine britannique quittait les rivages de votre île, emmenant loin d'elle un de ses enfants.

Vingt ans de lutte pour l'indépendance de sa patrie n'avaient pu lui assurer l'abri de ses derniers jours ; il allait expier loin d'elle la gloire de l'avoir trop fidèlement servie.

Le vieillard auquel la terre natale semblait refuser un tombeau prenait, pour la troisième fois, le chemin de l'exil. « Je ne regrette, disait-il, que la vue de ces montagnes et les amis que j'y laisse.

La patrie, tout entière il l'emportait dans son cœur.

Aujourd'hui, MM., un autre bâtiment, portant pavillon de France, aborde à ces rivages. Ce n'est plus le deuil du départ ; dans votre riante cité, tout est joie et fête. Pourquoi, MM., au retour ne se mêle-t-il pas une pensée funèbre ?

---

(1) Mgr de la Foata. Evêque d'Ajaccio.

Ce vaisseau n'apporte-t-il pas parmi vous les restes mortels de cet exilé dont je parlais tout à l'heure ; du patriote infatigable, du soldat de l'indépendance corse, du général Pascal Paoli ? Mais ce doit être une fête pour sa cendre de se mêler à la poussière de la patrie ! Nous oublions aujourd'hui sa mort pour ne penser qu'au héros qui ne meurt pas. Il vît là haut près de Dieu qui fait les grands hommes, et il vit ici-bas, MM. dans l'admiration de vos souvenirs et dans l'immutabilité de sa gloire. N'est-ce pas la fête de la patrie qui recouvre son héros et celle du héros qui recouvre sa patrie ?

Permettez-moi, MM. de les unir dans une même louange, comme ils sont unis dans une même gloire, en essayant de vous montrer en Pascal Paoli,

      1° Le Patriote libérateur,
      2° Le Patriote réformateur,
      3° Le Patriote chrétien.

1° Paoli patriote libérateur :

Qu'est-ce MM. que la patrie ?

La patrie n'est pas autre chose que la famille agrandie. Du sang et du foyer est née la famille ; de la race et du sol est née la patrie.

Le sol de la patrie n'est pas le sol étranger. C'est un coin de terre que le cœur distingue entre tous les autres, dont l'amour nous suit au loin dans une invincible tristesse, et dont le regret nous fait dire à la vue de l'horizon et des cieux de l'exil : « Oh ! ce ne sont pas là les rivages, les collines, les fleuves, les constellations de la patrie ! »

Ajoutez-y l'unité du sang, MM., le sang qui porte à travers les veines d'une même nation le flot d'une même vie, et vous aurez l'élément primordial qui est à la base de la patrie, qui fait d'elle une majesté inviolable et sacrée.

Qui l'outrage nous blesse au plus profond.

Dieu vous avait fait, MM. une belle patrie. Il avait mêlé ensemble le sang de vingt peuples divers pour en faire une race unique, ardente au péril, impatiente de la servitude, douce et hospitalière à l'étranger, implacable pour ses ennemis, à la fois fière et magnanime, ayant peine à pardonner une injure, mais n'oubliant jamais un bienfait.

Et pour recevoir cette race, il avait préparé un coin de terre à part, sorti des flots, durci au feu des premières révolutions du globe ; et, sur le granit tourmenté de votre île, il avait jeté, à pleines mains, les merveilles d'une riche nature, les oliviers, les orangers et les chênes, comme à toutes les vicissitudes de votre histoire il devait prodiguer les héros.

Cependant, **MM.**, la Corse n'avait jamais connu la parfaite liberté.

Après bien des siècles d'oppression, un joug plus dur encore s'était appesanti sur elle. Ses ports, ses citadelles, tout ce qui constitue la force matérielle d'un peuple était devenu génois.

Le sol n'avait pas été seul profané ; la race, on avait voulu l'avilir.

Le droit et l'honneur d'un peuple, n'est-ce pas, MM., d'être gouverné par des hommes sortis de son rang, dans lesquels il aime à se reconnaître lui-même ? Gênes avait fermé à tous les nationaux l'accès des fonctions publiques.

Le droit et l'honneur d'un peuple, n'est-ce pas le droit de vivre et le respect de sa pauvreté ? Gênes vous avait écrasés d'impôts pour faire de l'or avec vos deniers.

Le droit et l'honneur d'un peuple, n'est-ce pas d'être une nation ou de faire partie d'une nation ? Gênes avait voulu faire de ce peuple conquis un peuple d'Ilotes, sans autre droit que celui d'obéir.

Gênes enfin, avait commis contre ce peuple Corse le plus grand crime que l'on puisse commettre contre un peuple, qui est de lui enlever sa patrie, sans lui en rendre une autre.

Vous deviez en appeler, MM., de cette oppression. Cinq siècles durant, un sang généreux avait animé des cœurs maganimes ; cinq siècles durant, la Corse avait produit des hommes auxquels rien ne manquait de ce qu'il faut pour affranchir un peuple, le génie, l'audace, l'amour du sol natal servi par une vaillante épée — Contre leur génie, leur audace, leurs victoires, leur épée, la Sérénissime Marchande avait son or, et son or payait un jour ou l'autre le poignard d'un bandit. Est-il besoin de vous rappeler Sampiero et Gaffori ? La gloire de leur vie et l'infamie de leur mort éveillent encore dans nos âmes une juste admiration et de patriotiques colères.

Mais l'or et l'argent s'épuisent, MM., mais la vertu, mais la constance, mais le patriotisme et la pauvreté ne s'épuisent jamais.

Gênes allait en faire l'expérience.

Quand un peuple n'en peut plus de douleurs, il interroge le Ciel avec anxiété ; il appelle à grands cris l'élu d'en haut, le Messie de la délivrance. Or, MM., dans les premiers mois de l'année 1755, un nom volait de bouche en bouche qui faisait vibrer toutes les âmes. Un enfant de vos montagnes, jeune officier au service de Naples, avait, à vingt-neuf ans, acquis assez de gloire pour fixer sur lui les espérances des opprimés.

Il s'appelait Pascal Paoli.

A quatorze ans, il avait suivi son père en exil. Il avait appris à cet âge où l'on apprend pour ne plus oublier, les douleurs de la domination génoise.

Naples était alors le centre des hautes études italiennes. Le jeune corse se forma à l'école des plus grands économistes du siècle, apprenant ainsi à la fois comment on délivre un peuple et comment on le gouverne. Tant il est vrai que rien ne manque dans les desseins de la Providence à la vie d'un homme prédestiné.

Un jour, le suffrage de ses compatriotes vint le chercher sur la terre d'exil. Le jeune homme hésita, comme tous ceux qui comprennent la grandeur d'une pareille mission, comme toutes les âmes généreuses qui se demandent si, en se donnant tout entières, elles donnent encore assez. « Va, mon fils, lui dit son vieux père ; fais ton devoir ; sois le libérateur de ton pays. »

Le 29 avril, le jeune général débarquait à l'embouchure du Golo. Tombant à genoux sur le rivage, il baisa la terre de la patrie, comme on baise le front d'une mère.

Alors le tocsin sonne dans tous les clochers pour la guerre sainte ; les conques marines jettent à toutes les âmes libres un patriotique appel ; des feux allumés sur toutes les montagnes proclament que l'amour de l'indépendance brûle toujours au cœur des Corses.

Ce fut l'heure des dévouements sublimes.

Une mère amenait elle-même un de ses fils au Général : « Mes deux fils sont morts en combattant, dit-elle : Il m'en reste un troisième, et j'ai fait soixante milles pour venir l'offrir à la patrie. » Paoli l'embrassa : « Jamais, disait-il plus tard, jamais je ne me suis senti si petit que devant cette femme magnanime. »

Gênes dût frémir d'effroi, MM., en voyant que tous les vrais Corses n'étaient pas morts avec Sampiero et Gaffori, et « qu'il y a plus d'un écho dans ces rochers, dès qu'on prononce les mots de liberté et d'indépendance. » (Paroles de Sampiero.)

C'est que l'opulente république n'est plus ce qu'elle était autrefois ; la forte cité, la reine superbe et incontestée de ces mers. Acculée dans ses places fortes, son oligarchie décrépite ne peut tenir contre le réveil d'un peuple qui demande à vivre. C'est en vain que ses mercenaires essayent d'attaquer Paoli entouré de ses hommes d'armes ; le libérateur répond à ses menaces en envoyant une flotille sous pavillon corse, s'emparer de Capraja et porter l'épouvante parmi les Sénateurs.

Gênes s'en allait, MM., où vont tous les peuples frappés de Dieu. Dans quelques années, un Corse naîtra qui signera son arrêt de mort. Mais, dès aujourd'hui il est temps qu'elle disparaisse de votre Ile.

Gênes partie, voici la France.

La Corse et la France ne se trouvaient pas en présence pour la première fois. Le drapeau français avait abrité sous ses plis dans maintes batailles, la bravoure de vos compatriotes ; cinq ans, il avait couvert vos forteresses de sa neutralité contre les convoitises d'une puissante nation. Corses et Français étaient depuis longtemps des frères d'armes et de gloire.

Un jour vint où Dieu permit qu'ils fussent divisés, pour les unir plus étroitement encore.

Qu'importe de rechercher aujourd'hui l'origine de cette querelle ? En vous livrant à la conquête française, la superbe République croyait sans doute vous imposer un nouveau maître ; elle vous donnait ce qu'elle vous avait refusé jusqu'ici, elle vous ouvrait une grande patrie.

Pascal Paoli vit bien alors que son pays allait à de nouvelles destinées. Que va-t-il faire ? Fera-t-il comme ces âmes habituées à servir dont le bonheur ne demande qu'un maître moins dur ? Ce fut le moment vraiment héroïque de sa carrière. Il sut comprendre qu'il y a quelque chose de plus grand qu'une éclatante victoire, c'est une glorieuse défaite ; quelque chose de plus grand que le triomphe du vainqueur, c'est le triomphe dn vaincu ; quelque chose de plus grand que de vaincre pour la liberté, c'est de mourir pour elle.

Et qui du reste désespéra jamais de la victoire, entouré d'hommes qui ne demandent qu'à mourir ? La France eût bien vite reconnu la bravoure corse, MM., si jamais elle avait eu le temps de l'oublier. Elle la reconnut à Furiani, où la garnison insulaire, après s'être défendue au milieu des ruines, plutôt que de se rendre, s'ouvrait un passage à travers l'armée française ; elle la reconnut au pont du Golo, où les balles Corses firent tant de morts et l'obligèrent à reculer ; elle la reconnut enfin par une défaite. Les débris de son armée s'étaient retranchés dans Borgo, situé sur une hauteur qui domine la plaine de Mariana. Paoli voulant en finir d'un seul coup avec toute l'armée envahissante, donna le signal de l'attaque. Chauvelin accourt de Bastia pour délivrer l'armée assiégée ; Clément Paoli va lui barrer le passage pendant que son frère donne l'assaut au village ; trois fois l'armée française essaie de couper ses lignes ; trois fois elle dut battre en retraite, et se retirer sur Bastia, tandis que la garnison de Borgo se constituait prisonnière.

Cet échec piquait au vif l'honneur français.

Faut-il que je vous la raconte, MM. cette dernière journée ?

La France avait compris que la conquête n'était pas l'affaire de quelques régiments, et qu'il lui fallait une armée. Trente mille hommes débarquent sous les ordres du comte de Vaux, habile homme de guerre et neveu de Villars. Il avait trop connu vos compatriotes pour ne pas avoir une haute idée de leurs vertus militaires.

Les Corses avaient pour eux l'ivresse de précédentes victoires ; cette sûreté de coup d'œil qui faisait croire que les balles allaient d'elles-mêmes chercher le front de l'ennemi, et ce courage invincible fait du mépris de la mort qu'inspira toujours aux grandes âmes la défense d'une grande cause.

Résolu de frapper un coup décisif, le général français voulait porter la guerre au cœur même du pays, dans cette héroïque Terre des communes à la fois le boulevard et le grenier de l'indépendance. Après avoir débusqué Paoli du Nebbio et l'avoir forcé de transporter son quartier général dans le Rostino, il s'avançait avec toutes ses troupes par les gorges du Ponte-Nuovo. Sur des hauteurs, des milices nationales gardaient le défilé ; elles pouvaient du haut de ces rochers fusiller à l'aise les envahisseurs. On vit alors ce que peut l'ardeur sans discipline pour perdre une bataille. Au lieu d'attendre les Français aux abords du Ponte-Nuovo, les milices se portent à leur rencontre sur Costera et les hauteurs de Lento.

L'impétuosité du premier choc, l'audace et l'imprévu d'une pareille attaque portent la surprise dans les troupes royales ; mais leurs rangs, à peine entamés, se reforment et repoussent les assaillants de colline en colline jusqu'au fond des ravins. Les nationaux se trouvent alors enfermés par l'ennemi dans les défilés où ils auraient dû l'attendre. Il commence à circuler dans les rangs de ces bruits de trahison qui accompagnent ou amènent les grands désastres ; les fuyards regagnent le pont en désordre pour y défendre le passage, mais déjà les troupes françaises débouchent de tous côtés en débordant les avenues.

Alors s'engagea une lutte qui rappelle à tous celle des Spartiates aux Thermopyles. Les Corses à la hâte élèvent une muraille avec leurs morts, et attendent un dernier assaut. Dès qu'un blessé affaibli se sent inutile pour la lutte, il rassemble tout ce qui lui reste de vie pour se traîner sur la sanglante barricade et faire ainsi de son dernier soupir un acte d'amour à la patrie, et de son corps, un dernier rempart à l'indépendance de son pays.

Il est vrai MM., que si « les palmes de la liberté ne croissent que dans les champs fécondés par un sang généreux (Parole de Ch. Buonaparte), nous pouvons dire que la liberté de la Corse, son affranchissement définitif germèrent de l'héroïque défaite de Ponte-Nuovo. La Corse, ce jour-là, n'eut que des martyrs, mais, un jour ou l'autre, ce sont les martyrs qui triomphent.

Sur ce champ de bataille le cœur de la France comprit ce que proclamaient déjà dix siècles d'expériences : c'est qu'on ne soumet pas des hommes qui savent si bien mourir. La France ne chercha plus à soumettre le peuple Corse, elle se l'attacha.

« La France, disait le vainqueur, renonce à tous les droits de conquête ; elle ne demande qu'à vous associer à son sort. » (Proclamation du Cte de Vaux).

Vingt ans après, MM., au retour d'un nouvel exil, Paoli était acclamé dans cette grande assemblée qui s'appelle les États-Généraux de 89. Il y trouva de nobles paroles pour répondre à l'accueil de la France. « Ma vie entière, dit-il, a été un serment ininterrompu à la liberté ; mais il me reste à le prêter aujourd'hui à la Nation qui m'adopte, et au Monarque que je m'empresse de reconnaître. » Louis XVI pouvait dire en recevant le grand patriote : « Je vois avec plaisir que mes derniers enfants sont les plus sages et les plus fidèles. » — MM. la bataille de Ponte-Nuovo avait porté ses fruits. Montaigne avait raison de dire qu'il y a des défaites triomphantes à l'envi des victoires. » L'affranchissement était accompli et la France saluait le Libérateur.

2° Paoli, Patriote réformateur.

Quelque glorieuse, MM., que soit l'œuvre de la délivrance d'un peuple, elle demeure nécessairement incomplète et stérile si elle n'est suivie d'une autre qui assure son existence et sa durée.

C'est l'œuvre de la réformation

Le sol et le sang ne sont pas toute la patrie. A cet élément primordial vient s'en ajouter un autre qui est comme l'âme d'un peuple. C'est le génie national.

Le génie national avec tout ce qui jaillit de lui : les mœurs, les traditions, quelque chose qui était avant nous, qui a reçu notre berceau, qui a enveloppé notre existence, qui est entré en nous, qui fait partie de nous-mêmes, de nos pensées, de nos sentiments, de nos aspirations, et nous est devenu cher comme le sang de nos cœurs ; une certaine manière d'être et de voir qui donne à un peuple sa physionomie à part et fait dire à l'observateur : voilà un Anglais, voilà un Américain, voilà un Allemand, voici un Français.

Le premier devoir d'un homme appelé à gouverner d'autres hommes, c'est, MM. non pas de leur octroyer à tout hasard le bienfait d'une constitution idéale, fut-elle revisée, corrigée et considérablement augmentée ou diminuée ; non ! Le premier devoir d'un homme d'Etat, son premier soin par conséquent, lorsqu'il s'appelle Pascal Paoli, c'est d'étudier, c'est de connaître le génie d'un peuple pour en favoriser l'essor et en réprimer les écarts.

Or, MM., le génie de la Corse, il ressort lumineux et indiscutable à chacune des pages de son histoire, à chacune des heures de sa longue oppression ; le génie de la Corse, c'est le génie de la Liberté.

Les Romains, qui demandaient des esclaves à tous les peuples du monde, avaient remarqué que les Corses amenés à Rome par ses pourvoyeurs, ne pouvaient se faire à la servitude, et préféraient se laisser mourir. (Strabon).

Certes, MM., c'est là un noble génie, le génie des grands caractères, celui qui, à travers l'histoire, a marqué au front les grands hommes et les grands peuples. Mais l'aoli avait trop de pénétration, l'expérience de vos luttes parlait assez haut, pour qu'il n'en vît pas les écueils et les faiblesses. Il savait que la liberté ne va pas sans une légitime fierté qui confine à l'orgueil ; il savait que la liberté tend irrésistiblement à ne relever que d'elle-même ; que, laissée à ses voies, sans guide et sans frein, elle détend peu à peu les liens de la nationalité, et qu'alors « le patriotisme se perd dans des considérations d'intérêts personnels, comme les eaux du Tavignano se perdent dans la mer.» (Paroles de Paoli).

Une perpétuelle révolte contre la domination étrangère n'avait pas disposé les esprits à l'obéissance à l'autorité même légitime et nationale. Et pourtant, MM., le patriotisme est fait d'obéissance. Quand les Spartiates succombaient aux Thermopyles, on gravait sur le rocher ; « Passant, va dire à Lacédémone que nous sommes morts ici pour obéir à ses lois. » L'obéissance aux lois, c'était l'amour de la patrie. Gênes vendait ses arrêts ; on laissait le crime impuni. C'est alors que cette fierté impatiente de l'injure, qui criait satisfaction sévère et prompte, apprit à n'attendre que d'elle-même la justice. Et la justice aux mains de l'offensé, vous le savez bien, MM., n'est plus que la vengeance. Et la vengeance abandonnée à elle-même, à ses passions et à ses ignorances était devenue un préjugé de l'honneur. Le besoin de la défense avait resserré les liens de la famille, et les antagonismes de famille avaient brisé les liens de la nationalité. C'était tout un peuple que Paoli avait à refaire. Mais ce peuple, il le connaissait jusqu'à la dernière fibre, jusqu'à la moëlle des os, et il l'aimait, ce peuple, jusqu'à lui dévouer sa vie et sa mort.

Le génie de la liberté, MM. ; le génie national n'aura pas à se plaindre de lui. Il donnera à son pays la constitution la plus libre et la plus démocratique qui fût encore au monde, fondée sur ce droit divin des peuples que l'Europe avait eu le temps d'oublier, avec ces consultes, ces assemblées nationales où tous les élus arrivaient avec un droit égal dans la délibération, sans autre distinction que celle de l'éloquence et de la gloire.

Mais il est peut-être plus facile, MM, de satisfaire les légitimes exigences d'une nation que d'en réformer les abus. C'est là surtout qu'il faut une profonde connaissance des hommes pour bien discerner le point mystérieux où le mal s'enchaîne au bien dans l'âme d'un peuple. L'amour de son pays ne l'empêchait pas de reconnaître que la vengeance ne vient pas toujours d'un déni de justice ou d'une réparation incomplète. « L'impatience d'atteindre un ennemi arme le bras aussi souvent que la crainte d'une punition incertaine. L'orgueil blessé suffit quelquefois à transformer en un bandit féroce l'homme le plus doux et le plus paisible d'une piève. »

Déni de justice ! Impatience ! Orgueil !!!

Au déni de justice il oppose un tribunal égal pour tous. Pas d'influence de famille, pas d'autre distinction que celle de l'innocence et du crime ! Il laissait condamner à mort et passer par les armes, comme un meurtrier vulgaire, un de ses proches qui avait demandé à son fusil la satisfaction d'une injure.

Il prévient l'impatience de l'offensé par une prompte justice. « En Corse plus que partout ailleurs, écrivait-il aux magistrats, la peine doit suivre de près le crime. Pendant que le juge sommeille, les personnes lésés méditent la vengeance et préparent les moyens de l'atteindre, — le plus mauvais tribunal n'est pas celui qui juge mal ; c'est celui qui met trop de temps à juger — Contre une sentence rendue il y a le remède du recours à une juridiction supérieure ; contre la lenteur, il n'y en a pas d'autre que la patience. » Or Paoli prétendait, MM., et je pense que vous ne lui en voudrez pas, que la patience, c'est ce qu'il y a de plus rare chez les Corses. « Ce n'est pas du sang, disait-il, c'est de la lave brûlante qui coule dans les veines de nos compatriotes. »

Enfin, MM., à cet orgueil fils de la passion et de l'ignorance, à ce faux et cruel point d'honneur qui ennoblissait la vengeance, Paoli opposa non seulement la mort, — les Corses étaient trop habitués à mourir — il opposa ce qu'ils craignaient le plus au monde ; il opposa l'infamie !

La consulte de Caccia déclara déshonorante et barbare la *vendetta* transversale, et le nom du coupable devait être attaché au pilori élevé sur le lieu du crime. Quel Corse aurait voulu être cloué au poteau de l'infamie ?

L'ignorance avait aussi sa part dans les désordres sociaux.

Au milieu de ces luttes continuelles, les Corses avaient bien pu apprendre à mourir, mais ils n'avaient pas eu le temps d'étudier les principes de la vie. Si les notions du juste et de l'injuste sont écrites dans la conscience de tous, les passions peuvent en obscurcir la lumière, quand rien dans la société n'en rappelle l'auguste souvenir.

Cependant, c'est la raison éclairée qui doit conduire les hommes. Ce fut, dès les premiers jours, la grande préoccupation du Général.

A son événement, la tête du Maure était encore couverte d'un épais bandeau. « Les Corses veulent y voir clair, dit Paoli ; la liberté doit marcher au flambeau de l'intelligence. Ne dirait-on pas que nous craignons la lumière ? — Et il voulut que sur la tête du Maure, le bandeau passât des yeux sur le front.

C'était la promesse de cette Université de Corte dont il dota son pays : c'était la fondation de cette école de Morosaglia avec les derniers deniers de son dernier exil ! Je ne puis, MM., que vous signaler ces traits qui montrent le vrai réformateur d'un peuple, car j'ai hâte de recueillir avec vous les leçons du patriote chrétien.

3° **Paoli patriote chrétien.**

Le sol et la race, le génie et les mœurs constituent une nation. Est-ce tout, MM., pour qu'un peuple accomplisse ses destinées ? Est-ce tout ce que le patriotisme embrasse dans son amour ?

Je ne le crois pas. Jusqu'ici l'humanité ne l'a pas cru, et Pascal Paoli s'est rangé du côté de l'humanité. Ayant à vous parler de lui, il ne m'appartient pas de vous cacher ou d'amoindrir sa gloire.

Le troisième élément de la patrie, celui qui illumine et transfigure les deux autres, c'est le Dieu du pays. Il n'y a pas de peuple sans Dieu.

Les anciens mouraient pour les autels et les foyers. Ceux qui partaient pour fonder une colonie, prenait le feu sacré sur le principal autel de la patrie, et l'emportant sur leur navire ils allaient en allumer la flamme aux lieux qu'ils avaient choisis.

Jésus-Christ, MM., Jésus-Christ qui a tout ennobli dans l'humaine nature, J.-C., dit le **P.** Lacordaire, a fait des peuples ce qu'il a fait des hommes, les cooporateurs de sa justice, des instruments plus vastes et plus puissants de la vérité... Le chrétien aime J.-C. dans la patrie, il y aime la paix de l'Evangile, la grâce des Sacrements, les temples où il prie, les reliques des Saints qui y ont vécu,... enfin un membre vivant de l'Église et la prédestination de Dieu qui appelle les peuples et fait leur destin dans leur devoir. »

Tous les grands esprits, tous ceux du moins qui sont assez grands pour comprendre que notre raison est faible et bornée, ont appuyé leurs combinaisons sur cette union intime de Dieu et de la patrie. Ils ont appelé à leurs secours une force à laquelle en dernier ressort revient toujours la victoire, qui se fait connaître à des coups que notre petite sagesse appelle les jeux du hasard, mais qui ne sont en définitive que les jeux de la grande sagesse et de la Providence divine.

« Sans la pensée de Dieu, disait Paoli, la confiance dans le succès nous eût bientôt manqué. Il m'est impossible de ne pas croire que Dieu interpose immédiatement sa puissance pour rendre la Corse libre et indépendante. — Et comme on lui objectait qu'elle avait attendu bien tard à s'en mêler. — C'est que ses voies sont impénétrables, répondit-il ; je l'adore pour ce qu'elle fait et je la révère encore pour ce qu'elle n'a pas jugé à propos de faire. »

Enlevez la pensée de Dieu, qui donnera force et courage aux vaincus ? Dites-moi, que reste-t-il à une nation meurtrie et broyée, châtiée en même temps que vaincue sans cette croyance qu'il y a une justice qui juge les peuples, et que si le vainqueur nous punit trop, il sera puni à son tour de nous trop punir. Et messieurs, à nous Français, n'est-ce pas là notre espérance ?

C'était aussi l'espérance de la Corse.

Cette vérité est écrite à toutes les pages de son histoire. Ce sont les prêtres et les moines réunis en Concile qui déclarent la guerre juste et sainte et bénissent les armes de la liberté. Il faut que la guerre soit déclarée telle pour que chacun accepte sans scrupule sa part de périls et de sacrifices. Où donc se tenaient ces consultes nationales sinon dans les monastères de St-François dont le nom est si étroitement uni à la cause de l'indépendance ? Qui oubliera désormais les couvents de Morosaglia, d'Orezza, d'Alesani autant de foyers de patriotisme ! autant de citadelles de la patrie ! Vos pères s'étaient habitués, MM., à voir à leurs côtés sur les champs de bataille les robes de ces moines comme vous les retrouvez aujourd'hui auprès des cendres du Libérateur. Après avoir partagé son dévouement, ses efforts, ses périls, n'est-il pas juste qu'ils soient rapprochés de sa gloire ?

Les troupes nationales s'arrêtaient devant les églises, devant les croix pour y prier Dieu. Quelle consolation donnerez-vous à l'obscur soldat qui meurt derrière un buisson, si vous lui enlevez la foi que cette vie qu'il donne, quelqu'un la lui rendra. Et ne dites pas que c'est une loi de la nature qui voue les uns à l'obscurité et les autres à la gloire ! Non, MM., non ! votre loi de la nature est une loi barbare ; elle n'est pas en tout cas le dernier mot des problèmes de l'univers, ni surtout le dernier mot des problèmes de la conscience humaines. Il y aurait une grande injustice dans le monde, MM., sans un Dieu pour recueillir dans le ciel le sang oublié que boit la terre et que les hommes laissent couler.

« C'était au signe de la croix que les Corses commençaient le feu, c'était dans le signe de la croix que s'éteignait la vie des blessés. Le héros des croisades portaient l'emblème du christianisme sur leur poitrine, les Corses l'avaient dans le cœur. »

La religion, conclut Paoli, est la partie la plus essentielle de l'ordre public.

Ce mot résume tout entière la pensée du patriote chrétien.

Cependant, MM., vous l'attendez peut-être ; un jour ce grand Libérateur rendu à sa patrie, au milieu de ces troubles où le devoir est balloté par les tempêtes des passions humaines, crut que les destinés de la Corse n'étaient pas en sûreté sur le vaisseau qui porte les destinées de la France. Que d'autres le jugent, MM. Pour moi, convaincu que « leurs actions seules peuvent louer les grands hommes » je me suis mis à son école et je l'écoute : « Tout pour la gloire et la prospérité de ma patrie et rien pour moi, disait-il, c'était là ma devise. On sera forcé de reconnaître que j'y fus constamment fidèle. »

« Si je me suis trompé une fois sur les moyens d'atteindre ce résultat, l'erreur n'a pu venir que de mon jugement. S'il y a des regrets dans mon cœur, il n'y a pas de remords dans ma conscience. »

Je ne veux que ces paroles et rien de plus. Rien n'est grand comme la franchise d'un noble aveu.

Au milieu de ces incertitudes, il passa à Monticello et à Santa-Reparata, ses derniers jours parmi vous, ayant sous les yeux la vaste mer qui semblait s'ouvrir devant lui pour un dernier exil, et, assise sur ses bords, votre gracieuse cité, MM., dont il avait pressenti l'avenir et qu'il laissait à sa patrie comme un des plus beaux joyaux de la couronne nationale.

Enfin, il lui fallut demander un asile et un peu de repos au peuple britannique, à la fière et puissante nation qui a eu à recueillir en ce siècle tant de nobles proscrits et dont l'hospitalité est généreuse toujours — jusqu'aux dernières limites où ses intérêts commencent.

Après la désastreuse tentative des Cent-Jours, le général Drouot, le soldat de l'Empereur eut à comparaître devant des juges comme coupable de haute trahison. Son crime était sa fidélité au génie, à la gloire. au malheur, vertu assez inopportune, MM., pour mériter souvent les accusations des partis, mais vertu trop rare, trop héroïque, pour ne pas mériter toujours l'absolution, j'allais dire les applaudissements de la France.

Après le verdict qui déclarait que le général Drouot n'avait pu faillir à l'honneur, une voiture vient le prendre à sa prison pour le conduire aux Tuileries. Il y trouva le représentant d'une autre dynastie, d'un autre principe, d'une autre fortune, d'une autre gloire. Louis XVIII l'accueillit par ces royales paroles : « Général, la fidélité est la vertu des grandes âmes. »

N'assistons-nous pas, MM., à une réception analogue ? Paoli n'est-ce pas l'homme fidèle jusqu'à l'exil. jusqu'à la mort, à sa patrie, à son génie, à sa gloire, comme il l'avait été à ses malheurs. Non, MM., Paoli n'a pu faillir à la patrie comme Drouot n'avait pu faillir à l'honneur. La France le sait, et elle est là pour lui faire accueil.

Elle est là, dans la personne de notre Evêque dont le zèle épiscopal et le patriotisme font de ces trois cultes, l'Eglise, la Corse, la France, un indivisible amour. Elle est là dans la personne du premier magistrat de notre département, si impartialement dévoué à vos intérêts et dont la présence ici rappelle un nom cher à tous ceux qui ont gardé le culte des martyrs. Elle est là, dans les représentants de notre magistrature qui ferait envie aux autres nations quand elles n'auraient plus rien à envier à la France.

Vous le voyez bien, MM., tout ce qu'il y a de plus grand dans votre île sous le grand nom de France s'est empressé pour recevoir votre Libérateur et lui dire que le patriotisme est la vertu des héros.

Et maintenant, MM., avec une prière, un mot d'action de grâce ! Un mot d'action de grâces au grand homme qui vous a laissé de si nobles exemples, à la Corse qui l'a donné au monde, à la France qui adopte sa gloire comme elle a adopté son pays, à Dieu qui seul est le maître du génie ! Gloire à Paoli, gloire à la Corse, gloire à la France, Gloire à Dieu !!!

Fr. Jourdain Hartaud,
des Frères Prêcheurs

Discours prononcé par M. Toussaint Malaspina, devant le cercueil de Paoli, sur la place de l'église de Belgodere, le vendredi, **6 septembre.**

MESSIEURS,

Quand les Corses résolurent d'être libres, ils adressèrent à leurs frères établis à l'étranger un appel solennel où vibre l'âme de tout un peuple « Venez, disaient-ils, venez combattre et mourir avec nous. La Patrie vous offre une tombe et l'immortalité. »

Beaucoup vinrent qui moururent et que des mains pieuses ensevelirent dans l'oubli du tombeau ; héros obscurs d'une sainte cause, ils dorment au moins en pleine terre corse, sous le ciel bleu.

Et toi, le plus glorieux, le plus noble fils de notre vieille Corse, c'est aujourd'hui seulement que tu nous reviens ! Pardonne à notre reconnaissance tardive ; si nos pères furent ingrats, nous garderons religieusement ta mémoire, Pascal Paoli, et nos enfants vénéreront ton nom.

Vois, au seuil de cette église où tu venais prier, les fils de tes compagnons d'armes ; ils sont là et leur troupe recueille songe avec orgueil aux luttes passées. Sous ces dalles dorment dans l'ombre ceux qui t'aimèrent. Guelfucci repose là, et son amité fidèle te salue à travers le tombeau.

Tu seras notre orgueil ; certes, d'autres Corses ont étonné et même conquis le monde ; ta gloire à toi est plus nôtre, elle tient plus étroitement à notre être, et, Français que nous sommes, pour toujours, nous nous souvenons avec fierté que par toi nous fûmes Corses.

Ce soir ta vieille maison de Rostino abritera ce qui reste de **Pascal Paoli** ; elle sera demain le sanctuaire du patriotisme, et contre cet autel-là jamais autel ne sera dressé, et notre foi restera entière. Tu seras toujours le Père de la Patrie.

Discours prononcé à Morosaglia par M. X. de Casabianca, Premier Président honoraire.

MESSIEURS ET CHERS COMPATRIOTES,

La cérémonie à laquelle nous assistons en ce jour est l'une des plus belles et des plus réconfortantes dont notre pays ait jamais été le théâtre.

Qui de nous ne sentait comme un remords sur la conscience à l'idée que les cendres vénérées de notre héros insulaire, décédé au commencement du siècle, reposaient encore sur la terre d'exil.

Ce n'est pas que nos populations si patriotiques eussent à cet égard encouru aucun reproche. Depuis longtemps les fonds nécessaires avaient été obtenus à l'aide d'une souscription ; des démarches avaient été faites, et pourtant, par je ne sais quel fatal concours de circonstances, le but n'avait pu être encore atteint.

Grâces soient rendues à cet excellent prêtre, enfant du Rostino, qui, décidé à faire cesser un ostracisme inexplicable, n'a pas eu de repos jusqu'à ce qu'il soit parvenu à triompher de tous les obstacles.

C'est justice d'associer à l'expression de notre gratitude M. Franceschini-Pietri, digne héritier du héros, qui après avoir fait généreusement donation au département de la maison Paoli, a su lever à Londres toutes les difficultés qui auraient pu s'opposer au transfèrement de ces précieux restes.

Quel nom, MM., que celui du général **Paoli** et quels beaux et patriotiques souvenirs il rappelle pour notre pays !

Jamais homme ne réunit à un plus haut degré les rares qualités voulues pour la grande mission qu'il était destiné à accomplir.

Connaissances variées et profondes, puisées à l'Université de Naples, alors illustrée par les Genovese et les Vico ; sagesse dans les conseils, persévérance dans les desseins une fois arrêtés après mûre réflexion, expérience militaire acquise en participant à des expéditions dans les Calabres, affabilité qui lui gagnait tous les cœurs ; par dessus tout dévouement absolu au pays et inébranlable résolution de l'arracher à la domination ennemie, en lui donnant la constitution la plus libérale qui fût en Europe. Que pouvaient désirer de plus les Corses alors que, dans l'année 1755, ils déféraient au jeune officier au service de Naples le suprême commandement de l'Ile ?

Confirmé dans le généralat par la Consulte tenue au couvent de St-Antoine de la Casabianca, Paoli envisagea d'un œil ferme les périls de la situation et, dès les premiers jours, il s'attacha à faire partager par les patriotes dont il était entouré sa propre confiance dans le succès.

Ce n'était pas du côté de Gênes qu'était le principal obstacle. Les troupes liguriennes avaient dû se renfermer dans les villes, et, lorsqu'elles cherchaient à s'aventurer au dehors, il était rare qu'elles ne fussent pas complètement battues.

Mais le danger venait surtout des discordes intestines.

Le général Paoli comprit que rien ne serait fait aussi longtemps que les Corses tourneraient leurs armes contre eux-mêmes, et, en vue d'assurer une prompte pacification, il s'occupa d'assurer au pays la justice qui lui avait fait défaut pendant tant de siècles, et dont l'absence avait engendré cette terrible *vendetta*, plaie fatale que, pour notre malheur, nous ne sommes pas encore parvenus à cicatriser.

La législation génoise était loin d'être mauvaise en elle-même et ne péchait que par l'application qui était déplorable.

Qu'aurait-on pu, en effet, substituer à cette belle institution des podestats et des Pères du commun, élus sur la place publique, et chargés non seulement de l'administration des intérêts locaux, mais aussi de rendre la justice en matière civile jusqu'à dix et trente livres?

La loi communale fut donc maintenue, et il en fut de même des tribunaux de 1re instance établis dans les provinces. Ces tribunaux jugeaient les affaires civiles et criminelles, les dernières avec l'assistance d'un certain nombre de pères de famille.

Le général Paoli créa un tribunal supérieur qu'il appela Rote civile, lequel statuait en dernier ressort sur les affaires qui lui étaient soumises et, en outre, un conseil suprême de la nation, sorte de conseil d'Etat, ayant plus particulièrement mission de faire les règlements d'intérêt public et de traiter les questions politiques, mais qui, dans des cas exceptionnels, évoquait la connaissance des procès civils et même criminels.

Les temps étaient durs. Paoli avait à faire face à de trop nombreux ennemis. Cédant à une impérieuse nécessité, il institua des juntes d'observation ou de guerre, commandées par des capitaines animés d'un ardent patriotisme, et qui parcouraient l'île dans tous les sens, imprimant partout la terreur par la sévérité de leurs sentences. C'est ce que l'histoire désigne sous le nom de *justice paoline*, justice rigoureuse sans doute, parfois inexorable, mais rendue nécessaire par l'état dans lequel se trouvait le pays.

Oublie-t-on d'ailleurs qu'au 18e siècle, les législations de tous les peuples de l'Europe, sans avoir la même excuse, renfermaient des dispositions non moins draconiennes que celles reprochées à nos juntes de guerre ? Le général Paoli savait que les populations corses ne répugnaient pas à la rigueur des peines ; que ce qu'elles ventent avant tout, c'est que la justice soit à la fois prompte et impartiale à l'égard de tous. Elles furent, sous ce double rapport, bientôt rassurées.

Qui ne sait qu'un proche parent du Général ayant été puni criminellement, on fit les démarches les plus pressantes pour obtenir sa grâce ? Paoli resta sourd à toutes les supplications et la justice eut son cours.

Une autre fois, sous un vain prétexte d'intérêt public, on lui offrit mille sequins d'or et des soldats s'il consentait à sauver un coupable. « Croyez-vous, dit-il, qu'un pareil marché soit honorable pour la patrie ? » Et la personne interpellée, digne en cela de son interlocuteur, répondit, les larmes aux yeux : « Je ne vendrais pas l'honneur de ma patrie pour mille sequins. »

Ce que produisit l'administration de la justice sous le général Paoli, l'histoire nous l'apprend.

Peu d'années après qu'il avait assumé le gouvernement du pays, le nombre des meurtres était réduit à *trois*.

La Corse était moralement transformée. Le général s'attacha non moins activement à la faire progresser au point de vue matériel, et, dans ce but, il prit les mesures les plus opportunes pour encourager l'agriculture, le commerce, l'industrie. Il fit plus : il voulut que la Corse eût une marine. Elle l'eût, en effet, et ses quelques bâtiments allèrent sous la conduite du vaillant Achille Murati conquérir l'île de Capraja, sous les yeux de la flotte ligurienne impuissante.

Ce petit peuple qui, depuis quarante ans, luttait pour l'indépendance et la liberté, avait su attirer l'attention et mériter l'admiration de l'Europe entière.

Un despote, le grand Frédéric, envoyait une épée d'honneur au général Paoli.

L'impératrice Marie-Thérèse, grande aussi, intervenait en notre faveur, en nous promettant sa protection.

Les troupes françaises, débarquées en Corse depuis quatre ans, étaient à la veille de la quitter. Gênes, abandonnée à elle-même, eût été infailliblement jetée à la mer.

Qui ne comprend le sentiment qu'éprouva Paoli lorsqu'il apprit que son pays, dont la prochaine délivrance lui apparaissait certaine, venait d'être vendu comme un vil troupeau ? La guerre éclata. Ne parlons, messieurs, ni de succès ni de revers. Rappelons seulement la bataille de Pontenovo, dans laquelle le sang corse coula à flots, pour constater que ce sang ne fut pas versé en vain. Il devint comme la semence des héros qui devaient bientôt après surgir du sein de notre Ile.

Quant au général Paoli, il aurait pu résister encore, mais non sans déchoir de son rôle. Aussi après avoir parcouru un grande partie de la Corse, sous le regard attristé des populations toujours dévouées, il alla, en juin 1769, s'embarquer à Portovecchio avec un grand nombre de ses compagnons d'armes.

Son exil devait durer vingt ans. Il revint, après ce long laps de temps, acclamé à Paris par les premiers ouvriers de la Révolution, reçu en triomphateur par ses compatriotes.

Les débuts furent heureux, mais plus tard... Jetons un voile sur ce qui se passa alors, et disons, comme Napoléon Ier au retour de l'île d'Elbe, qu'il est des évènements d'une telle nature qu'ils sont au-dessus d'une organisation humaine.

Le Général partit pour un second exil, et cette fois ce fut pour toujours. Il vécut encore douze ans pendant lesquels sa pensée constante fut pour sa Corse bien aimée.

Mon ancien et vénéré collègue, le conseiller Arrighi, dont la place, s'il eût vécu, eût été marquée dans cette cérémonie, nous apprend que des économies qu'il parvint à réaliser, en réduisant sa dépense au plus strict nécessaire, le Général fit deux parts, l'une pour ses anciens compagnons d'armes qui étaient dans le besoin, l'autre destinée à la jeunesse studieuse pour laquelle il voulait fonder un collège à Corte et cette école primaire supérieure, placée non loin de sa modeste habitation.

Sans rancune contre le passé et cherchant, dans sa grande âme, presque une excuse pour l'injuste exil qui lui était imposé, il trouvait que ce que l'histoire avait fait était bien fait, et que c'était un bonheur pour la Corse de faire partie intégrante de la grande nation. « La liberté, disait-il, était l'objet de toutes nos révolutions : l'Ile en jouit effectivement : qu'importe la main d'où elle est venue ? Nous avons la fortune de l'avoir obtenue d'un compatriote qui, avec tant d'honneur et de gloire, a vengé la patrie des injures que tant de nations lui avaient infligées... »

Napoléon, d'abord son élève, était plus tard devenu son adversaire. Et pourtant, lorsque l'Empereur remportait une victoire, Paoli illuminait sa maison dans cette même Angleterre alors ennemie implacable de la France.

La pieve de Rostino était l'objet de toutes ses prédilections. « Notre pieve, écrivait-il à l'abbé Giovannetti le 3 septembre 1802, ne comptera jamais au nombre des plus riches ; mais on verra dans nos annales que, plus que tout autre, elle a répandu son sang pour la liberté de la patrie ; et ce souvenir, plus que toute richesse, peut inspirer à nos *pièvisans*, générosité d'esprit et élévation de pensées. »

Le général Paoli avait sans doute conscience des grands services qu'il avait rendus à son pays. Il n'en parlait toutefois qu'avec une rare modestie. Dans une lettre, écrite au même abbé Giovannetti, il disait : « Je ne me suis jamais préoccupé des injures personnelles. Quant à celles qui regardaient la nation, j'ai fait ce que je croyais nécessaire, en conformité des lois pour maintenir la tranquillité publique. J'espère que la postérité excusera *mes ignorances* et rendra justice aux bonnes intentions dont j'étais animé pour le bien de la Patrie. »

Dans une circonstance importante de sa vie où l'on proposait de lui élever un monument, le général prononça ces paroles que j'aime à rappeler en cet instant solennel : « Le monument le plus honorable, je l'ai dans le cœur de tous les Corses. » Vous ne vous trompiez pas, ô Père de la Patrie ! Plus de 80 ans se sont écoulés depuis votre mort, et jamais votre grande mémoire ne fût plus chère à vos compatriotes. Ils peuvent se diviser entre eux ; mais ils sont toujours unanimes lorsqu'il s'agit de vous rendre hommage. Je n'en veux d'autre preuve que ces touchantes manifestations dont vos dépouilles ont été l'objet, depuis Londres jusqu'à Morosaglia, partout où il s'est trouvé un seul Corse pour les acclamer. Jouissez de la gloire justement acquise, en vous reposant au milieu de ces vigoureuses populations du Rostino dont vous faisiez tout à l'heure un si bel éloge. Nos concitoyens, pour peu qu'ils veuillent rester dignes de vous, viendront souvent s'inspirer auprès de votre tombeau. Pourquoi ne comprendraient-ils pas que, dès à présent, un impérieux devoir leur est imposé par votre retour parmi nous ?

J'ai dit, dans le cours de cette longue allocution, qu'en dépit de la guerre étrangère et des luttes intestines, le nombre des meurtres, sous le général Paoli, s'était trouvé réduit à *trois* pour toute une année.

Comment se fait-il qu'après plus d'un siècle, lorsque tous les peuples de l'univers ont marché à grands pas dans les voies de la civilisation, les attentats contre les personnes se comptent par douzaines, en Corse, dans le même espace de temps ? Serait-il vrai que la malédiction prononcée sur notre pays, il y a bien des siècles, devrait à jamais peser sur lui : *Corsica, Corsica, non avrai mai bene* ? Non, non, il ne faut pas que cela soit. Prenons dès aujourd'hui, devant ces cendres sacrées, une résolution héroïque. Déposons les armes ; elles ne peuvent servir qu'à verser un sang innocent et à nous déshonorer aux yeux de la France et du monde. Réservons-les pour le jour prochain peut-être, où nous devrons marcher vers la trouée des Vosges, au secours des provinces perdues qui nous attendent ! Au fusil, au pistolet, substituons les instruments d'agriculture ; fouillons avec la charrue cette terre généreuse qui nous récompensera au centuple de nos efforts.

Et c'est lorsque nous aurons agi ainsi, lorsque vous tous, ô mes concitoyens, rendus à vous-mêmes, vous vous serez servis pour le bien de tous, de l'intelligence, du rare bon sens, de l'énergie et de la vaillance que Dieu vous a largement départis, que, comme j'essayais de le prévoir il y a près de quarante ans, la Corse deviendra un pays vraiment privilégié, privilégie par sa situation dans la Méditerranée, par la richesse de son sol, par le génie de ses habitants.

***

Discours de **M**. Franceschini-Pietri

MESSIEURS,

La destinée du Général **Paoli** fut d'achever sa vie sur la terre étrangère à cette époque glorieuse où l'enpereur Napoléon élevait si haut le nom de la France, et où la Corse, arrivée au terme de ses agitations et de ses souffrances, assurée de son avenir, trouvait enfin, avec de bonnes lois, sa liberté dans l'ordre et le repos. Oubliant les injustices de l'exil avec sa haute raison, supérieur aux intérêts et aux ressentiments, Paoli était mort en bénissant la main puissante qui avait accordé ces biens précieux à son pays. Mais la pensée de ne plus revoir la terre natale avait attristé sa vieillesse et déchiré son cœur.

Son regard fixé sur la Corse se reportait souvent vers la maison paternelle, vers les lieux où il était né et vers ces villages du Rostino qui lui étaient chers entre tous. C'est là, qu'après son existence agitée et ses cruelles déceptions, il aurait voulu passer les derniers jours qui lui restaient à vivre et dormir son dernier sommeil.

Le Rostino était son pays de prédilection ; il en connaissait les habitants par leurs noms ; il regrettait de ne plus les revoir et se rappelait sans cesse à leur souvenir. C'est parmi eux qu'il avait trouvé ses plus fidèles soldats, ses meilleurs capitaines : Clément, Colle, Castineta, Giancarlo Saliceti, Leonetti, Rocca, Valentini et tant d'autres qui cimentèrent de leur sang généreux les fondements de notre liberté et de notre indépendance. Ombres de tant de héros levez-vous ! Voici venir vôtre Général, votre ami, Paoli ! Après une longue absence, il vient dormir le dernier sommeil au milieu de vous ! — Nous nous inclinons devant vos noms chers à nos cœurs.

Paoli disait du Rostino que c'était un pays pauvre des biens de la fortune mais riche d'honneur et de gloire. Sa dernière pensée, le dernier battement de son cœur furent encore pour lui : il fonda l'Université de Corte, et, en même temps, l'école de Morosaglia, et il exprima le désir que ses lettres et ses écrits fussent déposés dans l'oratoire du village. — Ce sera donc, dans l'histoire de la Corse, l'éternel honneur du Rostino d'avoir reçu de la part du général Paoli les marques d'un pareil attachement et mérité une si haute estime.

Nous connaissions, messieurs, quels avaient été les vœux, les intentions et les regrets de notre illustre parent. Nous nous en sommes pénétrés et nous avons considéré comme un devoir de faire don à la Corse de la maison paternelle de celui qui l'a le plus passionnément aimée. — Cette maison a abrité sous son humble toit : Hyacinthe. Clément et Pascal Paoli, les trois hommes qui ont le mieux exprimé le génie de notre race dans ses qualités supérieures et dont la vie vertueuse et sans tâche est la partie la plus éclatante de notre histoire nationale. — La rigueur des temps, les évènements plus puissants que leur volonté, que leurs efforts, que leurs espérances, ne leur ont pas permis d'accomplir toute leur tâche et d'atteindre le but qu'ils s'étaient proposé. — Hyacinthe est mort dans l'exil à Naples. — Clément dans la solitude du couvent de Morosaglia, — Pascal Paoli en Angleterre. Leur œuvre ne s'est pas achevée ; bien des années ont passé sur elle, d'autres intérêts ont prévalu, et la Corse depuis un siècle, renonçant à l'idée de devenir un état libre, s'est attachée par des liens indissolubles aux destinées de la France. — Mais la mémoire du général Paoli a survécu aux révolutions, aux changements qui se sont succédé autour de nous. Le souvenir de ses sacrifices, des ses douleurs, de ses exemples reste gravé en traits ineffaçables dans le cœur de tous les Corses, et les démonstrations qui, au sein de la terre natale, accompagnent le retour de ses cendres vénérées sont le témoignage solennel de leur amour et de leur reconnaissance. — La Corse acquitte aujourd'hui envers lui une dette ancienne et sacrée !

Habitants de Rostino,

Nous vous ramenons les cendres du général Paoli. — Ses vœux sont exaucés. — Désormais elles reposeront au milieu de vous, *confiées à votre garde. Vous avez mérité cet honneur* ; Vous entourerez ce tombeau de votre pieux respect et de votre affection filiale. Il renferme le passé glorieux de la Corse et celui qui l'a le plus illustré dans l'histoire.

Discours de **M.** Pierre Vincentelli.

Au nom du *Cercle Sampiero Corso*, de Toulon qui a bien voulu me confier la mission de le représenter à cette patriotique cérémonie. je salue avec respect les glorieux restes de celui qui fut surnommé le Père de la Patrie.

Sampiero avait apporté dans ses luttes gigantesques pour l'indépendance et la liberté de son pays, l'ardeur farouche et l'indomptable bravoure qui en firent l'un des premiers guerriers de son temps.

Aux qualités de l'homme de guerre, à l'amour ardent de la Patrie et de la liberté, Paoli joignit les plus hautes facultés du législateur.

Bien avant la République du Nouveau Monde et notre grande Révolution Française, le Washington Corse sut fixer ses admirables conceptions politiques dans une Constitution fameuse que les démocraties modernes pourraient prendre encore pour modèle.

Par ses réformes pacifiques autant que par ses victoires dans les combats, Paoli régénéra cette petite Ile qui faisait l'admiration du monde entier, et qui, par la gloire fabuleuse d'un autre de ses enfants, devait un jour l'étonner encore davantage.

Sampiero, Paoli, Napoléon trinité rayonnante qui plane aux plus hauts sommets de l'histoire et qui jette sur le front de la vieille Cyrnos l'immortel éclat de sa gloire et de sa grandeur, salut au nom de la Corse patriote !

Salut au nom de ce pays qui, élevant son cœur au dessus de mesquines querelles passagères, sait se réconcilier dans les augustes souvenirs de son passé et dans la légitime admiration de ses héros.

Discours prononcé par M. F. Colonna, directeur de l'école Paoli de Morosaglia.

Mes chers concitoyens,

Ne trouvez pas trop téméraire, je vous en prie, que je prenne un des premiers la parole, quoique ma voix soit bien loin d'être aussi éloquente qu'il le faudrait pour une circonstance si solennelle.

Je vous déclare, d'ailleurs, que je ne me proposerai pas d'énumérer les grandes actions par lesquelles Pascal Paoli s'est acquis des droits éternels à la reconnaissance des Corses.

Non, je n'entreprendrai pas de faire ressortir son génie guerrier et législateur, son rare patriotisme, son noble désintéressement et toutes les autres vertus qui l'ont fait admirer, de son vivant même, des plus grands esprits du XVIIIe siècle, et qui font de lui un héros comparable aux plus illustres de la Grèce ancienne. Une telle entreprise et à l'égard d'un tel homme dépasse de beaucoup mes faibles forces. Et combien d'autres resteraient au-dessous de la tâche ! Je laisse donc ce soin à des voix plus autorisées que la mienne, et je me réjouis que la chose ait été déjà si bien faite.

Si je réclame un moment votre attention, ô mes chers concitoyens, c'est surtout pour remplir un devoir dont vous comprendrez l'importance. Les habitants de Morosaglia m'ont chargé de saluer particulièrement en leur nom les cendres du grand Patriote corse, enfin rapatriées après de longues années d'absence.

Ils m'ont prié d'exprimer ce qui, à mon avis, est inexprimable, à savoir la joie, l'enthousiasme, la reconnaissance, l'amour, la vénération et tous ces sentiments divers dont leur cœur déborde en cet heureux jour pour fêter le retour des restes mortels de leur immortel compatriote. Ils m'ont aussi chargé d'exprimer leur profonde reconnaissance pour cette foule immense qui est venue de tous les points de la Corse rendre un hommage de gratitude et de vénération à ces cendres sacrées. Ils savent bien que ce n'est pas pour eux que cette multitude de personnes de tout rang et tout âge s'empresse ici, et que Paoli n'appartient pas seulement au Rostino mais à la Corse entière, je dirai plus, à l'humanité elle-même ; mais c'est en ces lieux que le grand homme est né c'est ici qu'il a grandi, et alors les habitants de Morosaglia n'ont-ils pas un peu le droit de prendre leur part des honneurs que témoigne une manifestation aussi imposante et aussi sincère, et n'ont-ils pas raison d'en être particulièrement touchés ?

Vous me permettrez maintenant, Messieurs, et vous comprenez bien que je suis ici dans mon rôle, comme Directeur de l'école primaire que Paoli a fondée dans son village natal et que vous avez là devant vous ; vous me permettrez, dis-je, de vous rappeler brièvement l'œuvre et les idées du grand homme en matière d'éducation nationale.

Ce grand législateur, dont le rare génie vit du premier coup d'œil toutes les misères et tous les besoins de sa nation, sut trouver aussi les moyens les plus propres à la guérir de ses maux, à lui rendre vie, force et santé. Il attachait la plus grande importance à l'instruction et à l'éducation de la jeunesse. Il savait que si la bravoure guerrière, jointe à l'amour de la liberté, suffit à un peuple pour lui faire vaincre ses ennemis et conquérir son indépendance, il n'y a que l'instruction qui émancipe vraiment les nations et les empêche de redevenir esclaves. « L'éducation, disait-il, forme des citoyens d'autant plus utiles à la patrie qu'ils savent que, s'ils ont des droits à exercer, ils ont aussi des droits à remplir. » Sage et belle parole qui paraît devoir devenir la devise des nations libres. Paoli pensait aussi que l'éducation nationale doit faire non des savants, mais des hommes instruits et de bons citoyens. Aussi l'instruction élémentaire reçut-elle par ses soins une impulsion prodigieuse. Vaillamment secondé par le clergé insulaire, qui accepta avec plaisir et empressement la noble tâche d'instruire et de former la jeunesse, il fit si bien que chaque village ne tarda pas à avoir son école.

L'imprimerie nationale de Corte publia les livres de classe. Après avoir posé les bases de l'enseignement primaire, le général voulu fonder une université nationale. Cet établissement fut ouvert le 3 janvier 1765. Les meilleurs maîtres de la Corse y furent appelés à donner un enseignement étendu et solide. Les élèves y affluèrent aussitôt, avides de science ; on s'appliqua non seulement à les instruire, mais aussi à former leurs mœurs, à leur inspirer l'admiration des grandes choses, un vif sentiment de l'honneur véritable, et surtout le culte de la patrie. C'est que Paoli entendait que le but principal de l'éducation fût la culture de ce noble sentiment qui s'appelle le patriotisme, source de tant de nobles sentiments et de toutes les vertus sociales.

Dans l'exil, la pensée de l'illustre Général a été constamment tournée vers cet objet : l'éducation et l'instruction de ses chers compatriotes. Je ne vous apprends rien en vous disant qu'il s'est certainement imposé des privations afin de pouvoir laisser à sa mort une dotation qui permit de faire revivre l'Université de Corte, et aussi de créer dans son village natal une bonne école primaire pour les jeunes garçons du Rostino « et, ajoute-t-il dans son testament, pour tout autre qui voudra en profiter. »

Cette école, grâce à la sollicitude et aux libéralités du gouvernement de la République, se compose aujourd'hui de quatre classes, dont une d'enseignement primaire supérieur, et répond tout à fait aux besoins intellectuels des jeunes gens de nos campagnes.

Le Général, en décidant, par un legs testamentaire, la création de cet établissement, a fait là une de ses actions les plus bienfaisantes.

Aussi, si vous saviez quelle vive reconnaissance ce bienfait inspire aux pères de famille dont les enfants viennent s'instruire à Morosaglia ! Que de fois je les ai entendus bénir le nom si cher du plus généreux de nos grands hommes !

Combien, depuis quelques jours, m'ont prié de prendre la parole en cette circonstance, pour proclamer bien haut, en leur nom, ce qu'au fond de leur cœur ils gardent de gratitude et d'amour envers la mémoire de leur bienfaiteur! Car Pascal **Paoli** est vraiment leur bienfaiteur. Messieurs ; l'école de Morosaglia a formé en effet beaucoup d'officiers, d'instituteurs, d'employés de toutes sortes, et de citoyens éclairés, dont l'éducation n'a coûté qu'une faible dépense tout-à-fait en rapport avec les bien modiques ressources de leurs parents. Aussi, voyez comme ces jeunes gens s'empressent reconnaissants et attendris ! Voyez comme ces pères de famille sont recueillis et émus ! Il y en a qui sont venus de bien loin pour rendre un suprême hommage de reconnaissance à celui dont la dernière pensée a été pour eux et pour leurs enfants.

Chers concitoyens, ce moment est un de ceux où l'on prend volontiers de viriles et sages résolutions, car l'enthousiasme fait désirer vivement d'accomplir les belles choses qu'on admire. Aussi ne laissons pas passer un tel jour sans nous demander ce que nous devons garder de cette fête si belle, quel profit nous devons tirer des grands exemples laissés par l'illustre patriote et ce qu'il nous reste à faire pour continuer son œuvre en fait d'éducation ; car ce ne sont pas seulement les instituteurs qui forment la jeunesse, mais les pères de famille aussi, et tous les citoyens en général ; chacun d'eux étant tenu de donner aux enfants de bons exemples, de sages conseils et des paroles encourageantes.

Oui, que doit-il nous rester de cette grande fête ? Et d'abord, un souvenir encore plus cher de notre illustre Libérateur, une reconnaissance encore plus vive pour la mémoire de cet homme dont la jeunesse, la force et le génie ont été entièrement consacrés à la sainte cause de l'indépendance nationale, ainsi qu'à celle non moins sainte de la Liberté, et qui a définitivement vaincu et découragé l'oppresseur abhorré, le perfide Génois ? Et ensuite? Un vif désir de rester dignes de ce héros et de ses nobles compagnons. Et que faire pour cela ? Je ne dirai pas que nous n'avons pas hérité de la bravoure de nos pères du 18ᵉ siècle. Quand le moment viendra, je crois que nous saurons combattre et mourir pour notre belle Patrie, la France, avec le même héroïsme qu'ils combattaient et mouraient pour leur petite **Patrie**, leur chère Cyrnos. Et n'en avons-nous pas déjà donné d'éclatantes preuves en 1870 ?

Je pense aussi que la cause de la Liberté trouvera toujours dans les Corses de vaillants défenseurs et de fermes champions. Mais avons-nous hérité de toutes les autres vertus de nos aïeux? de leur désintéressement, de leur esprit de justice et d'équité, de leurs sentiments de confraternité, de leur indépendance de caractère, et de l'horreur qu'ils ressentaient pour les actions basses et déloyales ? Il y en a qui prétendent que non. Je ne suis pas de leur avis, Messieurs. Nos pères furent plus grands que nous, car la circonstance l'exigeait ; mais, je le soutiens, nous ne sommes, nous ne serons pas indignes d'être leurs fils ; et pour mieux mériter cet honneur, prenons devant ces restes sacrés d'un héros sans tâche, l'engagement de fortifier notre volonté et de l'appliquer à notre amélioration morale. Rappelons-nous constamment la noble conduite de ces hommes vertueux et conformons-y la nôtre ; soyons bons patriotes, bons citoyens ; répudions tout esprit de mesquine rancune et de basse jalousie ; soyons justes surtout envers nos adversaires ; soyons charitables, et gardons nous toujours de nous écarter des voies de l'honneur. Donnons à la jeunesse Corse l'exemple de ces vertus qui valurent à nos pères l'admiratton de l'Europe entière.

C'est ainsi que nous resterons dignes d'eux et de leur noble et vaillant chef ; c'est ainsi, que nous honorons vraiment leur mémoire !

Discours de M. le Conseiller Benedetti.

MESSIEURS ET CHERS CONCITOYENS,

Je n'ai point de titre officiel pour prendre la parole en cette imposante solennité qui ressemble plutôt à une fête nationale qu'à une cérémonie funèbre.

Après les éloquentes paroles qui ont été déjà prononcées, vous ne trouverez pas mauvais que, simple habitant de Corte, tout ému des libéralités du Général Paoli envers ma ville natale, aussi bien que des grandes choses qu'il a accomplies, je vienne mêler mon admiration à l'admiration commune et acclamer en lui le patriote incomparable, le Libérateur de la Corse, le fondateur d'un Gouvernement le plus démocratique de l'Europe au 18e siècle.

> Paoli ! Ah tout est dit
> Il suffit qu'on le nomme
> C'est la Corse incarnée
> La Liberté faite homme.

Ces deux vers résument admirablement l'existence du grand citoyen dont nous saluons en ce jour la glorieuse poussière.

Par une singulière et douloureuse destinée Paoli et Napoléon, ces deux génies enfantés par notre île, sont morts sur la terre étrangère l'un sous la protection, l'autre sous la tyrannie homicide de l'Angleterre.

C'est un fils de roi qui a ramené de l'Océan la dépouille de l'Empereur. C'est un fils de nos montagnes, l'honorable et sympathique Chanoine Saliceti qui est allé chercher dans les caveaux de Westminster les cendres de celui qui mérita d'être appelé le PÈRE DE LA PATRIE.

Honneur à lui ! Son nom restera attaché à cet acte de piété nationale, accompli par notre génération.

Il n'avait que trop duré cet exil ! Nous avions de Paoli l'image populaire et son souvenir impérissable. Il nous fallait aussi son corps vénéré. Et sa place était ici, dans ce Rostino qui a le droit d'être si fier d'avoir été son berceau et de devoir garder sa tombe.

La foule immense qui se presse autour de cette bière, cette foule où tous les rangs sont confondus, où toutes les opinions se mêlent, nous offre un spectacle consolant, celui de tous les cœurs réunis dans un même sentiment patriotique.

La voix qui s'élève de cette assemblée semble redire le serment solennel prêté par les membres de la Consulte réunis en 1762 dans la capitale de l'Indépendance.

« Nous jurons, disaient-ils, de combattre nos ennemis en gens désespérés qui ont résolu de vaincre ou de mourir jusqu'à ce que nos forces soient épuisées et que les armes nous tombent des mains... A l'exemple des Sagontins nous nous jetterons alors dans les flammes plutôt que de nous soumettre au joug insupportable et odieux des Génois. »

Ce n'est plus, Messieurs et chers compatriotes, contre la domination de nos anciens oppresseurs que nous avons aujourd'hui à nous défendre ; nous sommes Français et libres ! mais si la France, notre chère France, était menacée, nous volerions, tous à la frontière et avec le courage indomptable de nos pères, nous verserions pour elle jusqu'à la dernière goutte de notre sang.

En attendant, restons unis dans la paix comme nous le serions dans la guerre ; oublions nos querelles intestines, nos dissentiments personnels, et n'ayons qu'une pensée, qu'un but, le relèvement et la prospérité croissante de notre pays.

Quand, après vingt ans de proscription, le vaincu de Ponte-Nuovo put reprendre le chemin de la Corse, il reçut à Paris l'accueil le plus enthousiaste. La Cour le complimenta et l'Assemblée nationale se leva tout entière au milieu d'applaudissements frénétiques pour saluer le *patriarche de la liberté européenne*. La joie des insulaires fut délirante. Hélas ! Paoli dont la popularité faisait ombrage, ne tarda pas à subir la loi des suspects ; mandé à la barre de la Convention, il adressa à l'Assemblée une lettre éloquente qui réduisait à néant toutes les accusations dont il était victime et qui se terminait par ces mots mémorables : « Si mon influence est un délit, si vous pensez, citoyens représentants, que pour la paix et la sécurité de ce pays, pour l'affermissement de la liberté et de l'égalité en Corse, il soit nécessaire que ma présence ne serve de prétexte ni à la haine, ni à la défiance, ni à la jalousie, je m'éloignerai sans murmurer du pays natal qui a honoré mon existence et mon nom, je compléterai avec ce nouveau sacrifice ceux que j'ai eu le bonheur d'offrir à la patrie et à la Révolution, en emportant avec moi, comme la consolation du reste de mes jours, l'estime, les regrets de mes compatriotes et une conscience pure et sans tâche. »

Pourquoi ce noble projet, si digne du héros ne fut-il pas accompli ! Dans ce moment, Paoli mis hors la loi, se révolta contre les décrets de la Convention et, pour soustraire sa tête à l'échafaud et son pays aux horreurs de la Révolution, il appela les Anglais en Corse. Ce fut l'égarement de sa vieillesse, épouvantée des malheurs de la France.

Il avait été suspect à la Convention, il ne tarda pas à l'être au Gouvernement de Sa Majesté Britannique. Georges III l'appela à sa cour parce que, disait-il, la présence de Paoli en Corse *rendait ses amis audacieux et ses ennemis inquiets*. Et l'illustre général, accompagné des vétérans de l'ancienne indépendance, tristes et mornes, abandonna pour ne plus la revoir, son île bien-aimée.

Mais après avoir quitté la Corse, Paoli ne l'a point oubliée, Corte, son ancienne capitale et Morosaglia, son pays natal, ont été ses héritiers testamentaires, et dans les affres de l'agonie, les seuls mots qui erraient sur ses lèvres éteintes étaient ceux de Patrie et de Liberté.

La France a accompli son legs sacré en ouvrant le 2 mai 1833, à Morosaglia, une école élémentaire et en décembre 1837, à Corte l'institut d'éducation supérieure qui porte son nom inoubliable.

La Corse, Messieurs et chers compatriotes, est en effet restée fidèle à son Général et à son bienfaiteur. Notre reconnaissance sera éternelle comme sa mémoire. Après l'avoir honoré en avril 1852 d'un buste en marbre sur la place de l'Ile-Rousse, qu'il avait fondée ; après lui avoir élevé une statue en bronze à Corte, siège de son gouvernement, en l'année 1854, nous n'avions plus qu'à lui donner une sépulture sur le sol national. Ce pieux désir, après trois quarts de siècle, s'accomplit aujourd'hui. L'ombre de Paoli a dû tressaillir en nous retrouvant sous le régime d'ordre, de paix et de démocratie qu'il avait rêvé pour la Corse. Nos acclamations lui diront, outre tombe, que nous nous souviendrons à jamais de ses bienfaits.

Il y a à peine quelques jours la France arrachait à la terre étrangère et conduisait au temple de la Gloire, les restes de Marceau, de Carnot, de la Tour d'Auvergne.

Paoli reposera plus modestement à l'ombre des chàtaigniers de la Patrie dans la chapelle de ses aïeux, sous la garde de ses concitoyens.

Son Panthéon est dans nos cœurs.

In occasione dell'arrivo in Corsica delle Ceneri di Paoli

ODE

Non piu chiude di Paoli l'ossa
Nella fredda sua terra Albïone ;
Una mano pietosa le pone,
O mia Patria, sul dolce tuo sen.

Quai reliquie di un martire invitto,
Tu le accogli e le bagna di pianto,
Delle donne fra il mesto compianto,
Prosternate sul sacro terren.

Sù lor scendan più miti rugïade,
Sù lor nascano rose e vïole ;
Le ravvivi piu caldo il tuo sole ;
Le rallegri piu puro il tuo Ciel.

Dell'Eroe venerata la tomba,
Sia Palladio di nostra salute,
Che ci innalzi all'antica virtute,
Nei perigli ed eventi crudel.

Dalla bella Partenope Ei sciolse,
Degli afflitti fratelli ai lamenti ;
Sfidò il mare e il furore dei venti,
E alle care sue rive approdò.

Alzò il grido di guerra su i monti,
Riunite dei Corsi le schiere ;
Vinse, sperse le squadre straniere
Ed i ceppi alla Patria spezzò.

Gli odii estinse, gli sdegni tenaci,
Le vendette, le acerbe contese ;
Da delitti disgombro il Paese,
La Giustizia la pace tornar.

Fiorir l'arti, le scienze, i costumi,
E compito di Cirno il riscatto,
Col suo Popolo strinse il gran Patto,
Che le libere gente invidiar.

Della Patria egli Duce egli Padre ;
Forte in campo. Magnanimo e Pio,
I suoi dritti sostenne e di Dio,
Gli adorabili fini compi.

Lo applaudirono chiari intelletti,
Savie menti, possenti, Sovrani,
E a lui steser gli schiavi le mani,
Implorando piu liberi dì.

Lo acclamaron di Francia gli Eletti,
Nella grande ed augusta Assemblea,
Ed Alfieri a lui sacro rendea
Del sublime Tebano il dolor.

Non mai vinto da avversa Fortuna,
Per la Patria soffri lunghi affanni,
E spirando, su i lidi Britanni,
Gli lasciava qual pegno il suo Cor.

Fù sventura l'estremo conflitto ?
Nò, la Provida mano di Dio,
Colla Franca naziono ci unio,
E una madre amorosa ci diè.

Or con essa concordi ed uniti,
Avrem sempre comune la sorte
Sprezzeremo i perigli e la morte
Conservando costante la Fè.

Dopo un lungo silenzio ed oblio,
La grand'ombra sua fece ritorno
Mesto e lieto per noi questo giorno,
Celebrato per sempre sarà.

Gli innalziam caldi voti e preghiere ;
Gli paghiamo un tributo di amore,
Nostro vanto, Fortezza ed onore,
Immortale il suo nomo vivrà.

D. G. Bta DE PIETRI

Sartene, li 27 Luglio 1889.

PAOLI

I

Aux bords de la Tamise obscure, sous la brume,
Depuis bientôt cent ans il dormait exilé,
Loin des torrents fougueux lançant la blanche écume,
Loin des hardis sommets que le matin rallume,
     Loin de son beau ciel étoilé.

Tout un siècle a passé, des règnes, des empires ;
Quelques géants sont morts après l'œuvre accompli ;
La patrie a saigné sous d'horribles vampires,
On a versé des pleurs, on a poussé des rires,
     Lui, restait presque dans l'oubli.

Le soldat citoyen à mine si hautaine,
L'esprit loyal et franc imbu de vérité,
Le premier pourchasseur de l'injustice humaine
Qui refoulait, meurtris, les tyrans vers la plaine
     Au seul cri de la Liberté ;

Lui, le chef sans canons, sans armée alignée,
Qui savait infliger aux ennemis puissants
Des défaites à coups de trique et de cognée,
Lui qui fit tressaillir notre Corse indignée,
     Qui fit se lever des enfants ;

Lui, le fier compagnon des faucons et des aigles,
Des farouches sylvains, des chevriers bandits ;
Lui, l'enfant des coteaux où moutonnent les seigles,
Cent ans ! le dur Destin le cloua dans ses règles
     Loin de ses montagnards brunis !

Sa renommée auguste a parcouru le monde ;
Les poëtes d'alors ont chanté le héros,
Ses civiques vertus et son œuvre féconde.
Pourtant, dans son pays où le granit abonde,
    En vain, on cherchait son tombeau !......

II

Dors en paix, maintenant, voici ton mausolée
Au sein des vers taillis par la muse bercé.
Une source, tout près, sanglote inconsolée,
Tandis que tout au fond de la sombre vallée
    Mugit le Golo courroucé.

Nous avons ta dépouille — à tout jamais relique ! —
Où les mères viendront puiser de fiers conseils,
Les enfants s'inspirer de doctrine civique,
Les penseurs y songer que l'aube République
    Sait éclipser les rois soleils.

Va, ton nom désormais peut braver les orages,
Les révolutions humaines, les autans.
La Corse, au sein des mers, sous un ciel sans nuages,
Aura pour toi son culte à travers tous les âges,
    Les périodes et les temps.

Le vent qui fait gémir les sapins sur les cimes,
Le flot qui sur la rive expire, caressant ;
Les échos réveillés des sonores abîmes,
Chanteront à l'envi tes actions sublimes
    Dans leurs mélodieux accents.

Puis, à la fin du jour, quand le mouflon rumine,
Quand l'horizon se perd dans la morne rougeur,
Quand l'ondoyant troupeau tête basse chemine,
Le pâtre te dira quelque chanson divine,
    Le pâtre indolent et songeur.

Toi, par qui la Patrie a plané d'un coup d'aile,
Aux sombres jours d'épreuve, aux heures du danger,
Des citoyens futurs te prendront pour modèle,
Fils de la Liberté, sauront mourir pour elle
    Et de ton exil se venger.

Salut à toi, Pascal ! noble et vaillant ancêtre !
Salut, ô Giaffery ! salut, Buttafoco !
Nous vous devons à tous quelque chose, peut-être !...
Salut ! ô morts tombés sous le chêne ou le hêtre,
    Salut ! morts du Pontennovo.

Salut ! ô valeureux de ces horribles guerres,
Vous n'étiez ni félons, ni cupides, ni vains.
Un soleil irrité dardait sur vos colères
Et votre sang vermeil a rougi les rivières,
    Lavé les monts et les ravins ?

André CANNY.

Paris, 4 septembre 1889.

LES CENDRES DU GÉNÉRAL PAOLI

Aujourd'hui, à deux heures de l'après-midi, a été signé, en l'hôtel de la préfecture de la Corse, l'acte de cession, à titre gratuit, par lequel M. Franceschini-Pietri, un des héritiers du général Paoli, donne au département la maison qui a vu naître et grandir un des plus grands bienfaiteurs de notre pays.

C'est dans cet immeuble, situé à Morosaglia, qu'a été élevé le général Paoli, où il a appris à l'école de son père Hyacinthe l'amour de la patrie.

L'acte a été dressè par les soins de M⁰ Rusterucci, notaire à Ajaccio. M. de Baciocchi, agent général de la Compagnie Transatlantique, représentait M. Franceschini-Pietri, son beau-frère ; le département était représenté par M. Frémont, préfet de la Corse.

Au bas de cet acte ont apposé leur signature comme témoins, M. Casanelli d'Istria, président du Tribunal de 1re instance d'Ajaccio, et M. C.-A. Galloni d'Istria, ancien magistrat, chevalier de la Légion d'Honneur.

Pour donner plus d'éclat à cette solennité, M. le chanoine Saliceti, conseiller général, auquel revient en grande partie l'honneur d'avoir mené à bonne fin cette grande œuvre, a tenu à convier tous les conseillers généraux présents en ce moment à Ajaccio, qui se sont fait un scrupuleux devoir et un honneur de venir assister à la passation de cet acte.

Étaient présents : MM. Mariotti, juge ; chanoine Saliceti,

Nicoli, Cunéo d'Ornano, Ferrucci, capitaine Ceccaldi et Gabriel Marchi.

Représentants de divers cantons, ils ont voulu ainsi prouver combien le pays tout entier attend avec impatience le transfert à Morosaglia des cendres d'un des plus illustres de ses enfants, en même temps qu'ils ont tenu à remercier M. Franceschini-Pietri du don qu'il vient de faire généreusement au département.

Un pays s'honore en honorant ses grands hommes, et la réparation quoique tardive que la Corse est à la veille de payer à celui qui fit l'admiration de ses contemporains, marquera dans les fastes de notre Ile.

Nous ne saurions terminer sans adresser, au nom de la Corse entière, nos plus chaleureux remerciements à M. le chanoine Saliceti qui a su, grâce à son activité et à sa grande initiative, arriver ainsi à la réalisation de son plus cher désir qui, du reste, était celui de tous. — G. M.

(Ralliement).

Parlamento avuto a' Popoli di Corsica

Nel Congresso tenuto in Corte

DA GIACINTO DE PAOLI

Presidente della Suprema Consulta di quel Regno

Non saprei, Popoli dilettissimi, ridirvi se maggiore sia il gaudio che in questo punto consola il mio spirito, nel vedervi qui tutti raunati per risolvere quelle deliberazioni, che da voi o più necessarie o più profittevoli giudicate saranno, per restituire alla Patria nostra quella quiete e libertà a cui tutti aneliamo ; o maggiore il dolore che affligge l'animo mio, nel dovere rammentarvi i funesti motivi della nuova nostra inquietudine, onde mi convenga tacerli.

Parmi ciò non ostante si doverosa la loro rammemoranza col porli in pubblico e sotto gli occhi vostri, che dispensarmi non posso da farne la ben dovuta narrativa, comecchè in essi vive la ragione della nostra causa a confusione delle lingue mercenarie e adulatrici che, a forza di mendicati pretesti, si lusingano di nascondere l'infedeltà Genovese, e l'inganni di quella Repub-

5

blica, che non conoscono ne conosceranno mai fine contro di noi.

Rammentatevi dunque, Popoli Dilettissimi, che appena pubblicossi nella Provincia di Balagna dal Serenissimo Luigi di Wirtemberg quell'Editto di perdono generalissimo, che ci prometteva assicurarlo colla sua garanzia l'Augustissomo Cesare, Noi tutti senza indugio cominciammo a deporre le armi, ed a consegnare gli ostaggi ne'quattro presidj di Bastia, Ajaccio, Calvi, e Bonifazio, in venerazione degli Ordini Cesarei, ai quali tanto più prontamente ci sottomettemmo, quanto, che credemmo inviolabile una così sacra promessa, sebbene ci vedevamo in tale forza da render vano ogni avversario attentato di soggettarci coll'armi alla resa.

Pubblicossi è vero la prima volta cotesto Perdono con restrizione di poco tempo, ma fù ben subito abolita la restrizione, e pubblicossi la seconda volta illimitato e senza termine, affinchè tutti i Podoli potessero a loro comodo, e saperlo e goderne.

Frà tutti coloro che lo accettorno, vi furono specialmente i quatro Capi del Regno, che oltre il generale indulto, vennero assicurati da più e varie particolari lettere de'Generali di Cesare, e specialmente da una del Principe di Culembach, onde più d'ogni altro affidati, portaronsi al Presidio di S. Pellegrino, ove, deposte le armi in mano di quel Comandante Alemanno, riceverono la scorta di 50 soldati, con cui passarono a presentarsi al Generale Smittau, che comandava un corpo di 6000 uomini ne' paesi del Canale, e da questi furono spediti al Generalissimo Wirtemberg nella sua Residenza di Corte.

Furono nella prima comparsa cortesemente accolti da quel Principe, che ratificando loro il Perdono con ogni pienezza, e promettendoli ogni buon trattamento, si degnò colà trattenerli, ad unico oggetto che con tutta facilità e prontezza potessero di presenza comunicargli le cose più necessarie per lo stabilimento della quiete del Regno, e per l'adempimento delle grazie stateci promesse nell'Editto Cesareo.

Bel principio in vero fù cotesto, perche opera Genovese non v'intervenne, ma in soli tre giorni le belle promesse andarono al vento, e videsi quella funesta metamorfosi, che sarà eterna nella memoria de' posteri.

Scorsi appena, voi ben lo sapete, Amatissimi Popoli, i tre giorni, ne'quali ebbe tempo la politica ingannatrice de'nostri avversari di maneggiarsi, si vide violata la pubblica fede, e con iscandalo abominevole del Regno, tutti furono arrestati, i Capi, e mandati prigionieri nelle carceri di Bastia, e da quelle nella

Torre di Genova, come trofeo delle armi, dirò meglio, dell' ambizione orgogliosa di quella Repubblica.

Quanto poscia fossero le minacce ed i strapazzi che in quella prigionia patissero con pericolo continuo della lor vita, non dà l'animo a me di ridirlo, ma bastantemente ne parla e ne ha parlato la fama pubblica ad ogni Nazione, e Voi ne avete qui presenti due di essi loro, che non una, ma più volte fatta ven'anno la lagrimevole testimonianza.

Non fà qui di mestiere che io vi ridica quale sia la mano da cui lavorato fusse un tradimento cotanto disdicevole alla fede austriaca decantata sì pienamente nel Editto di Cesare, perchè torto farei alla vostra credenza, ed a quella di tutta l'Europa, a cui è noto, notissimo che non altri che l'infedeltà Genovese poteva giungere a commettere un attentato sì enorme ; Ella comecche solita a colorire gl' inganni, prese il pretesto stomachevole che i Capi non fossero compresi nel termine assegnato nel primo Indulto, e tacendo maliziosamente la surrogatione del secondo, che fù illimitato per tutti, e del terzo particolare per i medefimi Capi, si lusingò di far capire al mondo, che la prigionia era giusta, e che i prigionieri dovean lasciarsi all'abritio della pubblica vendetta, e tanto potè in campo armato la indorata mano del Plenipotenziario Genovese, che la fede Austriaca perdette ogni forza, senza notizia di Cesare.

Languirono i Prigionieri nella Torre per lo spazio di nove e più mesi, ne' quali altro non si studiò da' nostri nemici, che il modo di ottenere la permissione dalle Corte Cesarea di far morire, con morte ignominiosa e crudele, l'ingannati prigionieri ; e lo sborso di 85, mila Genovine fatto a' due principali Ministri, prevenuto dallo splendissimo regalo fatto al principe di Wirtemberg ed all'altri Generali, e Ufiziali Austriaci, aveva già colpito nel segno ; Ma protetta dal Cielo la loro Innocenza svelò alla piissima mente di Cesare la indegna orditura, e però, zelando l'Augustissimo e Clementissimo Sovrano l'onore venerabile del nome suo e la fedeltà de' suoi Ufiziali, decretò l'ordine non meno giusto che formidabile della scarcerazione.

E pure lo crederete, Popoli Amatissimi ? ne meno alla forza di ordine sì formidable s'arrese l'infedeltà avversaria ma, studiando nuovi mezzi termini di lusinghevole inganno, volle in apparenza obbedire, ma in sostanza nell'ostinata carcerazione de' prigionieri persistere, e però dalla penosissima Torre licenziati, nella Fortezza di Savona li fè transportare, credendo di cambiar sorte ne' suoi disegni col cambiar a quelli la carcere.

Tre altri mesi piansesi oppressa la libertà loro, ed oggi ancora sciolte non sarebbero le catene, se la maschera del colorito inganno disfatta totalmente dalla pubblicità del fatto esecrabile. mossa non avessa la Maestà di Cesare per tanto tempo ingannata, ad esigere la totale obedienza a'suoi giusti voleri, per togliere la nota d'infedeltà che il mondo dava non solamente alla Repubblica, che nulla risentivala, ma ancora alli Ministri Austriaci, contro la rettissima mente dell'istesso Cesare garante.

Dovrei proseguire il racconto della Iliade dolorosa de'tradimenti usati secondo l'ordine successivo de'tempi ; Ma l'inganno usato in Bastia agl'altri Nostri prima della partenza del Wirtemberg, mi richiama indietro.

Sovvengavi pertanto che codesto Principe, dopo l'aver per mezzo di suoi Delegati raccolte l'armi ed avuti gli ostaggi, si ridusse alla Capitale, ove il Plenipotenziario avversario applicavasi a deludere le grazie che Cesare promesse aveva ai Popoli nel suo Editto ; quivi dimostrò egli di volere udire dà i Popoli i loro gravami e le domande più profittevoli al Regno, ma passando tacita intelligenza col prenominato Plenipotenziario, chiudendo l'adito a qualunque ricorso de' Popoli colà affollati, fecesi presentare quelle misere petizioni che alla Repubblica erano più aggradevoli, e ciò per mano di alcuno poveri ivi ritenuti da prigionieri, che per timor di morte già minacciata non poterono ammeno di non condiscendere alle forzose insinuazioni di chi tenevagli angustiati e ristretti.

A cotale violenza ed illusoria infedeltà si opposero certi altri ostaggi di mente più sana e di cuore più intrepido, e presentato per mano del Colonnello di Wachtendon un rispettoso memoriale al Virtemberg, esposero che niun conto tener potevasi dell' enunciata petizione a cagione di totale mancanza di autorità in chi presentata l'aveva ; ma fù tale lo sdegno che sorprese quel Plenipotenziario, in vedendo sventata la mina degl' orditi inganni suoi, che fatti subito carcerare di ordine del Virtemberg quei supplichevoli Ostaggi, li dichiarò rei di processura criminale, come perturbatori della pace de' Popoli, con minacciar loro la pena di morte.

L'indegna minaccia sarebbesi eseguita, e voi ben lo sapete, o dilettissimi, se qui ancora la provvidenza del Cielo non occorreva col permettere che frà i detti prigionieri fossevi un certo leggista che steso aveva ne' termini dovuti e propri il memoriale, giacchè questi essendo Consolo di Toscana, impegnò quella giustissima Corte a far comparire l'infedeltà del maneggio e l' ingiusta superchieria.

Partì fràttanto senza conclusione e provvedimento alcuno il Principe di Virtemberg, e rimase al comando di tre Battaglioni Alemanni, il Colonnello Vachtendon, nè per tutto il tempo della sua dimora, i strapazzi che una gran parte di voi, Popoli carissimi, soffrire dovette con villanie non mai provate in questo Regno, io, per mio e vostro decoro ridirgli non debbo, solamente vi ricordo che nulla di meglio poteva sperarsi dalla infedeltà Genovese, anco in tempo che dimostrava voler far grazie.

Dopo gran giro di mesi, pubblicossi il cotanto dibattuto e decantato regolamento, e si udirno pubblicare le grazie esuberanti che facevansi al Regno, ed oh, che grazie ! le quali certamente non cedono ai bei frutti di Sodoma, cioè, grazie si ben colorite con termini e parole dolcificanti ed espressive, che sembrano specioso composto di privilegiatissime concessioni, ma in sostanza altro non sono che un pugno di cenere e di cenere non già morta come quella di Sodoma, ma cenere ardente, comecchè non solamente faceva risolvere in un pugno di polvere qualunque privilegio che dovevasi al Regno, ma l'esser del Regno stesso riduceva ad un bel nulla

Io pur dovrei ad uno ad uno ridire i 18 capitoli pubblicati sotto la garanzia di Cesare, e dimostrarvi che ciascheduno di essi, non che tutti assieme, bastava per togliere ogni diritto al Regno, e fare il Regno sottoposto alla fantastica sovranità della Repubblica ; ma mi contento solamente accennarvi che, se pel passato fu prerogativa del nostro Regno l'aggravarsi da se medesimo e di sua libera volontà, si decantò in quelli, per somma grazia della Repubblica, il renderlo per l'avvenire soggetto à pagare quelle imposizioni e tributi che il suo maggior consiglio aveva deliberato, ed assieme ricordarvi che altro alla fine non concludevano gli enunciati Capitoli, che lo stabilimento del sognato dominio di questo Regno, che mai fu suo, e la concessione d'una piena facoltà di fare una strage di tutti Noi, dichiarando reo di tutte le passate rimesse colpe chiunque altra ne'tempi avvenire ne commettesse, e voi ben sapete quanto è facile al costume de'nostri Avversari il rinvenire mendicati pretesti di nuove colpe, per punire con stragi ed incendi ciò che gli è forza mostrare di avere condonato.

Alla pronta replicata pubblicazione di un così stravolto regolamento, non si potè a meno di mostrarne in volto lo scontento, e sebbene si usò silenzio e non querele, per non dar pascolo a i Ministri della Repubblica, che sù gli occhi mostravano l'ardente sete di vendetta, sotto qualche mendicato motivo, pure non fù bastevole il silenzio a porla in freno.

Cominciò Ella il primo sfogo contro il Sargente Maggiore Francesco Maria Gentile, il quale chiamato a Genova con invito amoroso ed addolcito da' premi offerti alle tante fatiche da lui fatte in servigio di quel Pubblico, dopo alcuni giorni di buona speranza, ebbe quel premio che la infedeltà dar suole a' suoi amici, e val quanto dire, fù villanamente rinchiuso nelle carceri di quella Torre, ove fù anco racchiuso il di lui figlio ed altro del suo parentado, strappati l'uno e l'altro dalle braccia della Chiesa, con furore e pubblicità cotanto scandalosa che lo zelo del Vaticano soffrire non volle, e guai a loro, se il Vaticano non vi occorreva, perchè già di tutti un pubblico spettacolo sarebbesi veduto e compianto.

Che se codesti sono i premi de' favoriti, e di tal sorte è la ricompensa di chi volle impiegarsi in loro servigio, ridica chi può quali esser doveano i premi che da i Genovesi andavansi preparando a chi in vantaggio della Patria erasi impiegato contro di essi : i Popoli di Lota e quelli dell'Algajola, nel nostro quà da monti ; ed i Popoli dell'Olmeto nel di là da monti, sono vivi esemplari delle grazie della Repubblica co'suoi fedeli, giacchè tutti, doppo di avere consacrata e vita e roba e case e Patria in servigio di Genova, altra ricompensa non anno in effettuazione delle grandiose promesse, che abbandonamento, strapazzi, villanie, e minaccie.

Ma lasciati da parte gli amici, passiamo a'creduti nemici : Parve alla vendetta avversaria troppo assai prolongato della simulata pace quel tempo in cui durava in carica il prenominato suo Plenipotenziario, che con parole e tratti melati, qual Sirena non favolosa, aveva sparso nel Regno un sonno letale d'una rea credenza, e però richiamatolo in Genova, spedirno a supplire le sue veci il Pallavicino il quale, come che vestito di naturale più audace ed impetuoso, stendesse la temeraria sua mano al ferro micidiale sopra gli addormentati innocenti.

Il primo a sperimentarne il furore fù il Nostro Carlo Francesco Alessandrini, uno de' più zelanti soggetti di questa Patria, che fatto catturare sotto l'occhi del Sanctuario in Chiesa, fù racchiuso e ristretto in una delle più orrende carceri di Bastia, ove tuttora longuisce innocente, comecchè colpevole non di altro, se non di essersi in tempo di guerra mostrato zelatore dei diritti del Regno ; nè l'immunità Ecclasiastica si enormemente lesa, altro li frutta, che una vita della morte stessa più dolorosa, negandosi persino l'imbarco al Prete suo fratello, affinchè non ne abbia ricorso al Vaticano.

Dopo l'Alessandrini, due mila erano i descritti per l'indegno sacrifizio preparato alla vendetta Genovese, ed erano tutti colo-lo, che frà Noi goduto avevano qualche grado d'utizio o carica di governo, de'quali sino da principio la Repubblica presa aveva diligente esatta nota, nel tempo istesso che stava ne'lusinghevoli Editti suoi la sua paterna Clemenza esaggerando : Pur troppo tutti ne averebbero miseramente provocato il colpo fatale, se avvertiti dell'attentato commesso nella persona dell'Alessandrini, posti non si fossero in guardia con una bene esatta attenzione a tutti i movimenti delle sfrontate deliberazioni di quel Covernante.

Avvidesi egli della nostra salutare attenzione, e però, per colpire a mano più salva, fè chiamare alla Bastia alcuni de' Capi della nostra Provincia di *Rostino*, li quali sorpresi dagl' intempestivi precetti, chiesero *Salvo condotto*, per comparire con qualche maggiore sicurezza di quella gli prometteva l'universale perdono già violato, ma costantemente gli fù negato.

Quindi sotto l'indegno pretesto di usata inobedienza, spedi con tutta segretezza un distaccamento di 300 Soldati con cui a viva forza pretese di farli tutti prigionieri, ed allora fù che da Voi ben chiara si vide e si provò la protezione del Cielo, a favor dell'innocenza contra la tirannica infedeltà.

Sette, e non più, furono gli uomini nostri armati di fucile, che occorsero all'iniquo attentato, e questi soli bastarono per dare adosso a quelle soldatesche non meno vili che numerose, e videsi a memoria eterna della posterità de'nostri nemici, che sette armati Corsi disarmarono treccento de'suoi soldati, e tutti fecero prigionieri, servendosi delle loro armi, come già l'antico Popolo Ebreo dell'armi dell'empio Rè Faraone, che lo inseguiva.

A cosi dolorosa notizia fù tale la vergognosa rabbia del Pallavicino, che accesosi di un frenetico malnato furore, volle sfogarlo contro i paesi fedeli e più vicini alla Città, ordinando missioni di sicari accrescimento di milizie, e tutto ciò che il furore senza consiglio consigliar seppe, per distruggere la Provincia di Rostino.

Ma noi allora uniti alla necessaria universale difesa di noi medesimi, e de'Capi migliori di ciascun paese che destinati erano alla strage, come leggesi nella nota che conserviamo rinvenuta tra i scritti del capitano prigioniero che aveva l'ordine di arrestare tutti come destinati alla morte, ci ponessimo in tal difesa, che l'empi disegni del Pallavicino ebbero fine.

Si credette pertanto necessario l'assedio del Forte di questo paese come quello che munito di soldati della Repubblica e posto in mezzo di noi, poteva renderci più soggetti a'sospetti, e qui più che mai fece pompa di se lo sdegno furioso del Pallavicino per tentarne il soccorso : diede egli l'ordine che due in un tempo istesso si spedissero distaccamenti di Truppe, l'uno di 1,300 Soldati usciti dal Presidio di S. Pellegrino sotto la scorta del Maggiore Marchelli nella Casinca, e l'altro di 350 soldati spediti dalla Città di Aiaccio secretamente per siti non avvertiti, sotto la scorta d'alcuni malcontenti e detti Paesani, e sorprendessero gli assedianti ; ma non meno l'uno che l'altro dal valor vostro restò vergognosamente sconfitto, e della vergognosa fuga delle soldatesche di Genova ne sarà a' posteri eterna rammemoranza la fama, giacché superfluo rimane che io qui lo ridica à voi, che ne foste gloriosi spettatori coll'acquisto di tutto il bagaglio, e con la strage di non poco numero di soldati.

Veduti in cotal modo delusi i suoi attentati, l'infedeltà de'nostri avversari nella persona del Pallavicino esecutore e ministro de'suoi voleri, non seppe a qual altro mezzo termine appigliarsi che a quello non mai bastantemente abbòminato di prendersela contra alcuni particolari innocenti, nel tempo stesso in cui impiegavansi in suo servigio.

Rammentatevi del Sacerdote Don **Mirabilio**, il quale spedito dal prenominato Pallavicino (fa orrore il narrarlo) in San Pellegrino per colà, secondo il suo solito pubblico impiego, servire ed insieme assistere alle soldatesche, fu fatto miseramente assassinare sotto gl'occhi di 1,000 soldati, che inutili relatori furono del sagrilego omicidio, cui per coprire, videsi l'indegno stratagemma di condannare a morte l'uccisore, senza dar luogo alla giusta difesa che far voleva, con presentare e manifestare al mondo tutto gli ordini pubblici che aveva eseguiti sotto speranza di grosso premio ; e ben gli stà, perche altro premio non debbesi a chi serve l'infedeltà mascherata.

Figura fu cotesto assassinamento di quello che, un anno a questi giorni, fu eseguito nella persona dell'invitto nostro Eroe, e Tenente Generale del di là da Monti, Gio. Francesco Lusinchi, che fu fatto miseramente, e barbaramente morire dalla infedele amistà di Giulio Cataneo Governatore e ministro Genovese nel ni là da **Monti**. che servissi per fino di Missionari Evangelici per illaquearlo nella rete dell'ordito tradimento tenuto fino al di d'oggi celato a gli occhi della semplice plebe, colle pubbliche dimostrazioni di perseguitare gli uccisori, che tutt'ora baldanzosi trionfano, non penando al premio che loro prepara l'infedeltà ubbidita.

Non finirei mai, Popoli Amatissimi, se ad uno ad uno volessi porre sotto gl'occhi vostri gli esecrabili tradimenti e gli orridi fatti della violata fede, e però rimetto a la considerazione vostra le oppressionni fatte alle Città, e Cittadini della Bastia e di Ajaccio dalla cui costanza unicamente conoscono i Genovesi la loro permanenza in questo Regno, in ricompensa delle grazie e de'favori con tanta pienezza loro promessi in tempo di guerra, crescendo i strapazzi, e le oppressioni a misura della prestata servitù, onde l' unica lode che sentasi data à Città cotanto fedeli, è dare il nome di ribelle à qualunque lor cittadino.

L'esazione dei tributi, chel nel famoso nuovo regolamento destinata leggevasi per il prossimo Gennaro dell' anno seguente, posta in esecuzione nel Settembre dell' anno antecendente.

La proibizione del Commercio sopra le vettovaglie nate nel Regno, contro il predetto regolamente ordinata con indegno scandalo, che venne per fino all' abbominevole attentato di abbruciare i bastimenti di trasporto, con lasciarne libera ai soli forestieri la estrazione per maggior danno e vituperio de' Nazionali.

Le nuove imposizioni de dazi capricciosamente inventati, non perdonandola ne meno a' Religiosi, stati sempre per l' avanti immuni da ogni gabella.

Dirovvi solo che tutte le operazioni fin'ora narrate non opera del Pallavicino, ma della Repubblica, comecchè quegli ne eseguiva i mandati ; eppure, chi il crederebbe se la evidenza a crederlo non ci necessitasse ? Lusingasi Ella di far capire che tutto avvenne per sola opera del cervello stravolto del predetto Pallavicino, essendo politica sua ingannatrice l'addossare ai Ministri le perverse sue operazioni, quando l'esito non ne sortisce a seconda del malvagio suo intento.

Che fà ella dunque ? Per buttar polvere sugl'occhj nostri, richiama il Pallavicino, come scontenta e sdegnata, e finge umiliarsi con ispedir a questa nostra Patria, unico bersaglio dei suoi furori, due de'suoi senatori, come araldi di pace e di amore. Animati i medesimi da'soliti effetti del nostro bon cuore troppo credulo perchè non avvezzo a tradire, hanno preteso colla semplice pubblicazione di un'indulto di perdono generale in forma di politico Giubbileo, che noi tutti corresimo a'loro piedi ; quasi che traditi sotto la parola di un Augustissimo Cesare, dovessimo assicurarci sopra la parola di due nemici che non conoscono fede, ed assicurarcene anco in tempo in cui tengono tanti de' nostri carcerati, e tant'altri fra gl'ignominiosi ceppi di galera, contro la data fede e contro la venerabile garanzia imperiale si gravemente offesa e delusa.

Io non credo che qui alcuno frà noi trovar si possa di mente si stupida, che affascinar si lasci dalle mortifere lusinghe di coteste ingannatrici sirene, tanto più da temersi quanto che maggiori saranno le graziose promesse di cui riempiranno i fogli loro e le lingue de'loro emissarj, e però non ad altro oggetto che a fine di incitarvi, infiammarvi ed accendervi scambievolmente l'un l'altro alla difesa contro i lusinghevoli inganni, dite pur ancor voi che ne avete ragione, dite quel che Lacoonte il Trojano già disse a'suoi : *Timeo Danaos et dona ferentes.* L'infedeltà genovese supera di gran lunga quella de'Greci, che finsero doni di sacritizj per incenerir le torreggianti auguste mura di Troja, che per lo spazio di ben dieci anni deluse avea le loro armi.

La debolezza delle forze avversarie è nota all'Europa tutta, e più di molto a noi che sperimentata l'abbiamo. Quella Repubblica fù fornita, non saprei dirvi se dall'arte o dalla natura, della forza delle volpi, alle quali comecchè animali sforniti di coraggio e d'armi, serve di fortezza l'astuzia e la frode. Adopera ella il ferro e la crudeltà, se con queste armi le riesce ferire, ma vedendo le armi sue abbattute ed infrante da forza superiore qual'è la vostra, simula di averle adoperate per giuoco asserendo pace et perdoni ; e ben lo sperimentammo in tutti i fatti della passata e per noi sempre gloriosissima guerra.

Non meno speciosa e pacifica della presente fù la comparsa del Veneroso senatore perpetuo di quella Repubblica, ed altro non ne nascerà fra que Patrizj, che possa agguagliarlo nelle rimostranze d'amore che simulava nutrire inverso di questa nostra depressa Patria : eppur, voi lo sapete, quanto ingannevoli fossero le sue lusinghe, e la vendetta scandalosa da esso eseguita nella persona del nostro Fabio, dall' ecclesiastica sepoltura barbaramente disumato, e dal pietosissimo seno del sacro tempio rapito, per fare un spettacolo del furor suo a tutto il Regno, nè sarà testimone veridico per tutti i tempi, come pure lo sarà l'incendio di Vico nel di là da' monti, che in atto ahi troppo degno di compassione e di pianto, le infelici sue ceneri e le non anco in tutto ammortite faville ne discuopre e palesa.

Popoli amatissimi, voi vedrete frà poco ove andranno a finire i lusinghevoli inviti ; altro non ordiranno i due Togati, che insidie ; altro non tenteranno che eccitare uno contro dell'altro, che svegliare puntigli e dissapori, che offerir premj a' sicarj, che accender guerre civili, e seminar zizanie di ambizione per mezzo d'orrevoli titoli, di stipendj lucrosi, di vantaggi domestici, perciocchè con tal'arte riuscì sempre a quella Repubblica il ternerci bendati, ed in conseguenza soggetti al gioco tirannico dell' indegno comando.

E più facile (dirò molto ma dirò vero) che l'inimico dell'uman genere faccia tregua co' viventi, di quello sia che Genova faccia tregua fedele con esso noi. Ella fù sempre nemica della nostra Nazione, e pur troppo lo sappiamo e lo sa l'Europa tutta, certificatane da' nostri manifesti pubblicati nella guerra passata ; ma per l'addietro, comecchè tutto l'odio era fondato sull'indegna politica del suo governo, così poteva dirsi un fuoco divoratore dell'esser nostro, della roba nostra e del nostro sangue,

ma sotto cenere più che tenuto nascoso ; in oggi, codesto odio
ha ricevuto fomento dalla gentilissima resoluzione che prese il
Regno di sciogliere un giogo cotanto duro, e molto più dalla
verità da noi svelata dell'ingiustizie dell'indegno governo,
dell'ignoranza e povertà de' suoi patrizj, e di tutte quelle altre
indegne doti di cui abbondano. E però non è possibile il tratte-
nerlo, nè acqua di riconciliazione, qualunche ella siasi, può
esser valevole ad ismorzarlo. Guardici il cielo di ricadere sotto
le mani dell'avversario ! Altro che stragi, che desolazioni ed
incendj non ci preparano le ingannatrici lusinghe che ci fanno
e ci faranno per mezzo de'loro Togati : ne andrà molto a scuo-
prirsene l'indegna idea già bastantemente finora nota, sicchè
superflua rimane ogni riprova, e qui finisco.

Alla visita di quanto, con grave dolore dell'animo mio, vi ho
narrato, a voi stà, Popoli amatissimi, il risolvere quelle deliberazioni che giudicar possiate più necessarie e profittevoli.

Quando mai vi dasse cuore di sentir progetti di pace, che a
creder mio, deblonsi a chiuse orecchie rigettare per non dare
adito al mortifero canto delle lusinghevoli promesse, questo
almeno per salutare e necessario preliminare, sembrami che
ciascuno di noi approvar debba, in modo che senza un così pru-
dente preservativo aprir non convenga traltato di composizione,
qualunque ella sia ; ed è che dalla Repubblica pongansi subito in
libertà tutti i prigionieri, e sciolgansi dalle catene tutti coloro
che languiscono nelle loro galee, non per altro reato che per
essersi impiegati alla difesa della loro Patria ; e che ai popoli
restituiscansi quell' armi che non tanta doppiezza tolte li furono,
e senza lequali non è possibile aver sicurezza di fede.

Senza codesto preliminare, quanto a me, indispensabile credo
la resoluzione di spargere tutto il sangue colla totale desolazione d'ogni provincia piuttosto che riunirsi con trattato di
composizione ; meglio è morir con onore in guerra, che morir
vergognosamente e con infamia perpetua sotto gl'inganni di
pace !

Ma dissi male, e subito me ne ridico, amatissimi Popoli, nel
parlare di spargimento di sangue e di legrimevole desolazione
d'ogni provincia, perchè nulla vi è che temere dell'efimera
potenza degli inimici, qualora noi medesimi non somministriamo
loro le forze col disunirci fra noi, a seconda de' soliti suoi
maneggi.

Uniti che siamo, non vi è nulla di che temere. Fioriranno le
provincie, e conoscerà la Patria nostra quella vita prosperosa di
cui mai sempre fù priva sotto il gioco genovese. Vincer bisogna,
e vinceremo l'inimico, purchè vogliamo.

La nostra causa è giusta, e come tale fu e sarà protetta dal Cielo, a cui ora mai sono pervenuti i gemiti de'Corsi, come pervennero quei del popolo Ebreo sotto la schiavitù di Faraone.

Noi non abbiamo che dubitare de'Principi dell'Europa, cui sono noti, notissimi l'insoffribili gravami nostri e la innata infedeltà della Republica, e verso noi e verso tutti, giacchè di altro alimento non vive che di quello le somministra la doppia fede.

Sopra tutto viver possiamo securi della giustizia dell'augustissimo Imperadore, la di cui venerabil garanzia è stata oltraggiata da'Genovesi, fino a porre in giuoco la inalterabile fede austriaca, come già udiste, e come la pubblicità de'narrati eccessi ha palesato e notificato al mondo tutto.

Sà l'augustissimo Cesare che per parte nostra non si è mancato, ne si mancava nell'osservanza della soggezione prestata a'suoi giustissimi voleri, e bene gli è noto che per forzosa necessità riprese abbiamo le armi contro la Repubblica, violatrice della data fede ; onde possiam gloriarci che, scotendo il gioco, non solo difendiam la nostra causa, ma prendiam vendetta della violata fede per gloria del nome stesso adorabile di Cesare offeso.

Risolvete dunque, amatissimi Popoli, e le nostre deliberazioni siano quelle che restituiscano una volta alla Patria, la libertà da tanto tempo perduta ; ai Corsi, quell'onorato nome di cui per più secoli spogliati furono dalla politica genovese, ed all'Europa tutta quel giusto stimolo di compatimento che conceputo aveva verso il nostro Regno cotanto oppresso, e quella giuste credenze in cui vivea della giustizia delle nostre armi, e delle laudabili riprove del nostro onore ; e sopratutto sovvengavi che l'unione sola è quella che può dar spirito alle nostre risoluzioni, terrore e disperazione alla politica avversaria, e stima al valor nostro.

Anco fuori di questa nostra terra (ed oh ! quanto mi accora il rammentarlo !) e nei lidi d'Italia il veleno mortifero della disunione sparsasi negli animi stessi de'nostri patrizi che per altro tutti tendevano con uno stesso zelo alla libertà di questo loro e nostra patria, i puntigli di onore, le male intelligenze, i dettami dell'amor proprio nei nostri nazionali anco più colti e ragguardevoli, furono sempre il trofeo de' Genovesi, ed il mal noto discredito della nostra Nazione ; il passato, qualunche sia, esser debbe la fida scorta delle nostre risoluzioni : dai successi passati abbiamo conosciuta la fonte dei nostri mali, e però, quanto è sicuro il rimedio, altrettanto è sicura la comune salute purchè vogliamo applicarlo.

Unione, unione e unione ! dissapori, puntigli, odj particolari, vendette private addio ; i dissapori, i puntigli, gl'odj e le vendette, tutte riserbinsi contro l'oste comune !

In Corte, 19 Gennajo 1735.

Nota. — Un pareil document qui éclaire une période si importante de notre histoire, et dont l'unique exemplaire qu'il nous a été donné de trouver, sera déposé aux archives du Musée Paoli, nous a semblé devoir être arraché à l'oubli et conservé à la postérité.

La gloire du père est le couronnement de celle du fils.

Gloria filiorum patres eorum. (Prav. 17 — 6.)

www.ingramcontent.com/pod-product-compliance
Ingram Content Group UK Ltd.
Pitfield, Milton Keynes, MK11 3LW, UK
UKHW022103170726
13837UKWH00003B/1058